Line Frederiksen

Call it Sleep - Uma visão sobre a experiência do imigrante judeu-americano

Line Frederiksen

Call it Sleep - Uma visão sobre a experiência do imigrante judeu-americano

Imprint

Any brand names and product names mentioned in this book are subject to trademark, brand or patent protection and are trademarks or registered trademarks of their respective holders. The use of brand names, product names, common names, trade names, product descriptions etc. even without a particular marking in this work is in no way to be construed to mean that such names may be regarded as unrestricted in respect of trademark and brand protection legislation and could thus be used by anyone.

Cover image: www.ingimage.com

This book is a translation from the original published under ISBN 978-3-659-90185-0.

Publisher:
Sciencia Scripts
is a trademark of
Dodo Books Indian Ocean Ltd. and OmniScriptum S.R.L publishing group

120 High Road, East Finchley, London, N2 9ED, United Kingdom
Str. Armeneasca 28/1, office 1, Chisinau MD-2012, Republic of Moldova, Europe
Managing Directors: Ieva Konstantinova, Victoria Ursu
info@omniscriptum.com

Printed at: see last page
ISBN: 978-620-3-29759-1

ÍNDICE DE CONTEÚDO

Capítulo 1. Introdução

Entre os anos de 1881 e 1924, mais de dois milhões de judeus da Europa de Leste imigraram para a América. Muitos desses judeus chegaram a Ellis Island, em Nova Iorque, e acabaram por viver em bairros pobres em Brownsville, Brooklyn, no Lower East Side e no Bronx.[1]

O choque entre as expectativas dos imigrantes em relação à nova "Terra Dourada", repleta de liberdade e possibilidades para todos, e o encontro com a dura realidade dos bairros de lata e o trabalho nas fábricas até 12 horas por dia foi um desafio difícil para eles. Além disso, muitos dos judeus da Europa de Leste sentiam-se encurralados entre os valores da sua própria cultura e religião e os valores da América, que eram menos espirituais e muito mais capitalistas.[2] Este conflito era particularmente difícil para os filhos pequenos dos imigrantes que nasciam na Europa de Leste mas tinham de crescer na América. Esperava-se frequentemente que estas crianças vivessem de acordo com as regras e os valores dos pais, mas fora de casa os valores americanos influenciavam fortemente as crianças sempre que se encontravam com os amigos da mesma idade, que normalmente conheciam na escola e na rua.

No entanto, os filhos dos imigrantes adaptaram-se rapidamente ao novo mundo devido à sua experiência limitada da vida em geral. Ao contrário dos seus pais, não tinham um passado que pudessem recordar do antigo país e com o qual se pudessem relacionar.[3] Nesse sentido, as crianças eram mais livres para receber as impressões e experiências do novo mundo, mas muitos imigrantes adultos preferiam ater-se aos valores do seu passado bem conhecido e tentavam manter os filhos presos ao passado com eles. Este método não é útil para ganhar respeito no meio americano e, à medida que as crianças se apercebiam disso, ganhavam a função de refazer os pais para os adaptar ao novo mundo. Os filhos sabiam mais através da sua rápida adaptação, assim como compreendiam melhor do que os pais como atuar neste mundo. [4] Desta forma, o papel dos pais na família foi assumido pelos filhos pequenos, e os pais sentiram-se inúteis e incapazes de compreender a mentalidade dos seus filhos. Muitas crianças ultrapassaram a esfera da língua iídiche e da religião dos pais e tornaram-se pais e professores dos seus pais, que, por sua vez, se tornaram filhos e aprendizes.[5]

---

[1] Howe, 1976, prefácio pp. xvii-xviii e contracapa.
[2] Howe, 1976, p. 70.
[3] Cohen, 1976, pp. 91-92.
[4] Sollors, 1996, pp. 142-143. (NE)
[5] Antin, 1940, p. xx.

Capítulo 2. Definição do problema

Método

Hipótese de trabalho

Este projeto tem um interesse especial em saber se um romance, que é uma peça de ficção, é capaz de funcionar como uma fonte histórica para descrever o desenvolvimento dos filhos dos judeus da Europa de Leste. Para este efeito, escolhi fazer uma análise textual do romance de Henry Roth "Call It Sleep" (1934). Esta análise incluirá uma leitura atenta das partes relevantes do romance relativas ao desenvolvimento do protagonista, o que torna possível investigar a experiência imigrante do ponto de vista de uma criança. A análise consistirá principalmente numa visão psicológica do desenvolvimento do protagonista, mas também serão abordadas questões temáticas. Para o efeito, optei por um modelo lacaniano de análise textual combinado com uma leitura da Nova História[6] que deixa flutuar as fronteiras entre história e ficção.

Visto numa perspetiva histórica, é também interessante que "Call It Sleep" tenha sido escrito durante a depressão económica que se seguiu ao crash de Wall Street em 1929. Além disso, é digno de nota o facto de Roth, tal como muitos outros judeus americanos da época, ter aderido ao Partido Comunista.

Tudo isto conduz à seguinte questão fundamental:

---- Poderá o desenvolvimento de David Schearl em "Call It Sleep" ser lido como representativo da forma como a nova geração de judeus-americanos se desenvolveu durante as duas primeiras décadas do século XX, na perspetiva do Novo Historicismo?

Procedimento

Antes de mais, é importante conhecer os antecedentes históricos da imigração judaica. É por essa razão que optei por dar uma breve visão histórica do que levou tantos judeus a irem para a América a partir de 1881. Além disso, quero entrar em pormenores sobre o que esperavam encontrar e o que realmente encontraram em Nova Iorque, concentrando-me especialmente na época em que "Call It Sleep" tem lugar (1911-1913). Depois disso, contextualizarei o romance introduzindo o Novo Historicismo.

Segue-se uma análise textual do romance. É importante sublinhar que esta análise não abrangerá todos os aspectos do romance, mas centrar-se-á no campo que é útil para estabelecer o desenvolvimento do protagonista em ligação com a experiência do imigrante. Isto será feito principalmente durante a leitura atenta com um ângulo lacaniano, e o objetivo desta análise será

---

[6] Uma explicação mais pormenorizada do Novo Historicismo será dada mais adiante.

mostrar as caraterísticas do romance que o podem tornar útil como fonte histórica.

Esta análise resultará numa discussão das caraterísticas do romance que, numa nova forma de leitura histórica, dá uma visão de como uma nova geração de judeus-americanos se desenvolveu e como as circunstâncias políticas em torno do romance podem ter afetado a sua receção, tanto de acordo com a mudança de visão sobre os imigrantes e a política como com a experiência autobiográfica do romance.

Tudo isto revelará se o romance é útil como fonte histórica para representar a experiência dos imigrantes do ponto de vista de uma criança.

Capítulo 3. Apresentação de "Call It Sleep

O enredo do romance é apresentado no anexo I e qualquer informação relevante sobre o autor e a sua escrita de "Call It Sleep" é apresentada no anexo II.

A história principal do romance passa-se em 1911-1913, numa altura em que o protagonista, David Schearl, tem entre seis e oito anos de idade. Ao chegar a Brownsville, em Nova Iorque, com apenas dois anos de idade, a personagem de David poderia contar a história de muitos filhos de imigrantes judeus da época. Nasce num país, mas é criado noutro. Enquanto leitor, podemos acompanhar a experiência quotidiana de David do ponto de vista do próprio rapaz, seguindo a sua forte ligação emocional à mãe, o medo do pai rigoroso e o encontro com outras crianças na rua e no cheder.[7]

O romance é composto por quatro partes, introduzidas por um pequeno prólogo em que David e a sua mãe se juntam ao pai, que já trabalha em Brownsville há alguns anos. As quatro partes intitulam-se: "A adega", "O quadro", "O carvão" e "O carril".

A língua do romance é o inglês, mas com diferentes tipos de inglês. Em casa da família, as personagens falam a língua judaica iídiche, que Roth ilustra através de um bom inglês padrão, na área do sotaque da classe alta. Entre as crianças, na escola e na rua, as personagens falam inglês, que Roth ilustra com algo que lembra ao leitor traduções fonéticas de uma língua mal falada, com sotaque de classe baixa. No cheder, as personagens misturam a sua língua entre o iídiche, que mais uma vez é representado como inglês padrão, e o hebraico, que também é apresentado ao leitor como uma espécie de tradução fonética dos sons hebraicos. Isto faz com que a maioria dos leitores se identifique com os rapazes judeus, que são tão pouco capazes de compreender o que lêem como o leitor médio de língua inglesa do romance.[8] É importante ter em conta estas reviravoltas linguísticas quando o leitor lê e trabalha com o romance.

---

[7] É uma escola hebraica para rapazes judeus.
[8] Kazin, 1991, pp. xiv-xvi. Introdução ao romance "Call It Sleep".

Capítulo 4. Abordagem teórica

A história por detrás da imigração judaica

Desde os tempos dos puritanos que os Estados Unidos da América acolhem imigrantes de todo o mundo. Algumas pessoas adaptaram-se facilmente ao novo país, enquanto outras tiveram as suas dificuldades. Um dos povos que será recordado como notável na história americana é o povo judeu.

Durante as últimas décadas do século XIX, a viragem do século e as primeiras décadas do século XX, a América recebeu milhões de refugiados judeus de diferentes partes do mundo. Alguns dos primeiros judeus a chegar ao novo continente foram os judeus alemães. A estes seguiram-se os judeus dos países da Europa de Leste, que constituem o núcleo deste projeto. À luz deste facto, no capítulo seguinte, pretendo fazer uma breve análise dos antecedentes históricos dos judeus da Europa Oriental, abordando questões como: Porque é que vieram? O que esperavam encontrar? O que é que encontraram de facto? Espero que isto ajude o leitor a conhecer o mundo das personagens principais de "Call It Sleep" de Henry Roth.

A Rússia na década de 1880

O período de tempo que pretendo investigar tem o seu início na Rússia em 1881. Em 1 de março de 1881, terroristas revolucionários assassinaram o czar Alexandre II. Este facto significou o fim de um regime liberal modesto e a população russa teve de se conformar com a vontade de Alexandre III, o novo czar russo.[9] Esta situação levou a várias restrições aos judeus russos[10] e provocou a criação das Leis de maio de 1881 e da Pale of Settlement[11] e a censura dos textos em iídiche e hebraico nas escolas. Em suma, os judeus foram vítimas de pogroms cruéis, que se estenderam à maior parte da Europa de Leste. Em breve, os judeus não só tiveram de lutar contra os preconceitos do resto da população, como também foram proibidos de praticar qualquer tipo de hebraico. Foram também proibidos de aprender hebraico e, como se isso não bastasse, tiveram de se ver despojados de todos os seus valores pelo Estado.

Na altura da eclosão da Primeira Guerra Mundial, muitos dos judeus já estavam fartos. Um terço da população judaica da Rússia já tinha imigrado e mais se seguiriam. Tinham deixado as suas casas para procurar novas e melhores possibilidades noutro lugar. Esse "outro lugar" acabou por ser a

---

[9] Howe, 1976, p. 5. Apesar de Alexandre II ser considerado "liberal", não deixou de adotar uma política de repressão contra as minorias da sociedade, mas, neste contexto, Alexandre III é ainda pior.

[10] A razão exacta pela qual estas restrições foram estabelecidas não é fácil de perceber. O leitor deve ter em mente que o povo judeu foi vítima de pogroms várias vezes ao longo da história, e algumas suposições - muito simplificadas - poderiam ser que eles foram perseguidos principalmente por causa da sua controvérsia com a igreja cristã, ou seja, foram acusados de matar Jesus Cristo e impossibilitados de se converterem ao cristianismo. Mas também o facto de não terem um país de origem para onde pudessem ser enviados e de se dizer que se misturavam com os aristocratas e que tinham muito dinheiro a viver num país de camponeses pobres pode ter sido um elemento importante dos pogroms e da perseguição em geral.

[11] Isto significava que os judeus eram obrigados a viver em certas pequenas cidades pobres (shtetl) separadas do resto da população russa.

América.

O sonho da América

À medida que o fluxo de emigrantes da Rússia e da Áustria-Hungria aumentava, cresciam também os rumores sobre o país "do outro lado do oceano". Cada vez mais judeus tinham parentes na América que relatavam ansiosamente à família em casa sobre a nova terra com possibilidades e liberdade para todos. E alguns dos judeus mais afortunados recebiam nas suas cartas dinheiro para bilhetes, para que a família pudesse reunir-se na América. Muitas vezes, era o pai de família que viajava para a América e, quando ganhava dinheiro suficiente durante anos de trabalho árduo, enviava dinheiro para comprar bilhetes para a mulher e os filhos.[12]

Desta forma, os judeus avançaram para o sonho coletivo de uma vida melhor. Era claro que esperavam encontrar uma nova "Terra Dourada" onde houvesse abundância de comida, dinheiro, democracia, sem estrutura de classes, sem discriminação e direitos e aprendizagem iguais para todos.[13] Isto é particularmente claro em "Call It Sleep" quando a mãe de David exclama: *"And this is the Golden Land"* (*E esta é a Terra Dourada*)[14] Mais tarde, no romance, ouvimos também que *"Esta era aquela vasta e incrível terra, a terra da liberdade, da imensa oportunidade, aquela Terra Dourada".* (p.16) Mas estas expectativas ingénuas só duravam até ao encontro com a vida real, algo que os pobres imigrantes não tardariam a descobrir. No entanto, as duras realidades parecem nunca chegar aos imigrantes antes de eles ficarem presos nelas. É provavelmente por essa razão que Roth optou por introduzir o prólogo de "Call It Sleep" com a frase irónica: *"I pray thee ask no questions this is that Golden Land".* (p.9) O trabalho quotidiano no novo meio era muito diferente do que esperavam.

Os imigrantes judeus entraram na América em vagas, seguindo as circunstâncias dos seus países de origem:[15]

1881-1882: A mudança no governo do czar russo e os pogroms que se seguiram.

1891: Os judeus são expulsos de Moscovo.

1903: Massacre em Kishinew.

1905: Derrota da Revolução Russa. Tratava-se, na sua maioria, de refugiados políticos.

Quando as últimas vagas de imigrantes se dirigiram para a América, foi criada uma rede ainda mais sólida de judeus ocidentais para facilitar a dolorosa e desconcertante viagem. Mas as circunstâncias

---

[12] Howe, 1976, pp. 35 e 58.
[13] Todas estas qualidades são descritas no conto da escritora judia-americana Anzia Yezierska "How I Found America", 1920, pp. 258-261. Reimpresso no compêndio de "Estudos Americanos", RUC, semestre da primavera de 2003.
[14] Henry Roth, "Call It Sleep", 1934, p. 11. A seguir, citado entre parêntesis no texto.
[15] Howe, 1976, p. 29.

ainda estavam longe de ser luxuosas quando os judeus atravessaram o mundo. Numerosos relatórios relatam as circunstâncias miseráveis a bordo dos paquetes, alguns deles escritos por jornalistas que foram sofrer com os imigrantes para dar uma visão realista do que estava a acontecer. Este texto é retirado de um relatório escrito por Edward Steiner, um clérigo de Iowa em 1906:

"(...) Multidões por todo o lado, beliches mal cheirosos, casas de banho pouco convidativas - isto é a steerage. (...) A comida, que é miserável, é distribuída de enormes chaleiras para os baldes de jantar fornecidos pela companhia de navegação a vapor. Quando é distribuída, os mais fortes empurram e aglomeram-se... (...) Em muitos navios, até a água potável é dada de má vontade...(...) "[16]

Em 1892, foi inaugurado o centro de imigração de Ellis Island, em Nova Iorque. As autoridades tratavam dos imigrantes recém-chegados, examinavam-nos quanto a doenças e, depois disso, os judeus eram livres de ir procurar um lugar para viver - normalmente entre outros judeus, nos cortiços dos bairros de lata, que serão descritos em pormenor mais adiante neste capítulo. Estes exames raramente eram uma boa experiência para os judeus. Eram olhados como animais e, por vezes, um deles era excluído e enviado de volta a expensas próprias. Muitas famílias separavam-se desta forma, porque normalmente tinham abdicado de todos os valores para conseguirem o dinheiro para a viagem, e a pessoa afastada não podia, portanto, regressar à antiga casa nem seguir a família.[17] Só quando obtiveram ajuda da Sociedade Hebraica de Ajuda aos Imigrantes[18] é que as circunstâncias melhoraram ligeiramente para os imigrantes. No entanto, muitos dos americanos estabelecidos viam estes "novos imigrantes" da Europa de Leste, muitas vezes mal educados, como um problema em comparação com os "velhos imigrantes" do Norte da Europa que, na sua opinião, cuidavam melhor de si próprios e se adaptavam mais facilmente à América. Os americanos receavam que estes novos camponeses imigrantes trouxessem "a amargura" da Europa, o que significava que a América já não era um país agrícola independente, mas também um país feito de industrialização e urbanização.[19] Este ponto de vista é claramente expresso em "The Inconceivable Alien", de Henry James, em que este afirma que *"Temos de ir, por outras palavras, mais de meio caminho para os conhecer; o que é toda a diferença, para nós, entre posse e desapropriação".*[20] Aqui, James exprime a preocupação de que os imigrantes se apoderem da América nas suas próprias instalações, em vez de se adaptarem à mentalidade e à cultura americanas. À medida que o número de imigrantes que atravessavam as fronteiras aumentava, James não era o único a manifestar esta preocupação, mas é duvidoso que os

[16] Howe, 1976, p. 41.
[17] Howe, 1976, p. 37.
[18] O HIAS foi fundado em 1892.
[19] Howe, 1976, p. 51.
[20] James, 1907, p. 45. Este é um extrato de "The American Scene" reimpresso no compêndio de "American Studies", RUC, semestre da primavera de 2003. O sublinhado é meu.

imigrantes da Europa de Leste fossem os culpados por todas as condições negativas que se seguiram a esta evolução. No entanto, o sentimento anti-imigrante resultou em quotas e restrições à imigração com a Lei Johnson em 1924.[21]

Encontro com a vida nova

Os próprios judeus também tiveram dificuldades em adaptar-se a uma nova vida. A cidade de Nova Iorque era muito diferente da vida tradicional no shtetl que tinham conhecido até então. Antes de mais, a vida na cidade implicava um ritmo de vida intenso e apressado. Na América, tempo é dinheiro e os americanos detestam desperdiçá-lo. Se os judeus quisessem sobreviver, tinham de se integrar neste mantra do capitalismo, o que fizeram, nos primeiros anos como vendedores ambulantes que iam de porta em porta vender todo o tipo de bens e, mais tarde, sobretudo na indústria do vestuário, onde se tornaram fortes concorrentes dos judeus alemães que tinham estabelecido a indústria algumas décadas antes.

Os judeus eram conhecidos como pessoas leais e trabalhadoras dentro da indústria, mas o reverso da medalha era o horário rigoroso do dia. Um dia de trabalho médio começava muitas vezes às 6 da manhã e terminava às 8 ou 9 da noite.[22] Com estas horas de trabalho, não sobrava muito tempo para viver a vida religiosa que um judeu fiel devia viver, guardando o Sabbath, fazendo orações e lendo o Talmud[23] várias vezes por dia. Por outras palavras, a vida na cidade significava uma rutura com as tradições.[24] A religião teve de sofrer com a adaptação à vida citadina. Não pode ser vivida em parte na sociedade americana. Segundo o judaismo ortodoxo, ou se é um judeu fiel e se vive de acordo com todas as regras da religião ou se é um gentio. [25] Outra coisa, que foi seguramente destruída, foi o padrão familiar tradicional da família judaica.

Padrões familiares tradicionais

Na vida familiar judaica tradicional, a mãe era o centro da família, uma vez que trabalhava no coração da vida familiar - a cozinha. Era ela que cozinhava e tratava da casa e, não menos importante, tomava conta das crianças.[26] Esta era uma solução prática para otimizar as circunstâncias em torno dos estudos do pai, uma vez que o pai era idealmente um homem culto e instruído que devia passar a maior parte do dia a estudar as Sagradas Escrituras. Isto significa que um judeu com demasiado trabalho manual era visto como uma vergonha social. No entanto, o verdadeiro poder da família

---

²¹ Burchell/Homberger, 1998, p. 131. (AS)
²² Howe, 1976, pp. 149 e 289-290.
²³ O Talmud é uma coleção de escritos antigos sobre a lei e as tradições judaicas, Oxford Advanced Learners, 2000. Estes escritos referem-se principalmente à Torá, que é a lei de Deus que Moisés recebe nos primeiros cinco livros da Bíblia.
²⁴ Howe, 1976, p. 59.
²⁵ Um gentio é uma pessoa não judia. Esta visão radical está claramente expressa no romance de Abraham Cahan "A Ascensão de David Levinsky", de 1917, especialmente nas páginas 86, 90, 96 e 111. Este é um extrato reproduzido no compêndio de "Estudos Americanos", RUC, semestre da primavera de 2003.
²⁶ Howe, 1976, p. 171.

continuava a estar nas mãos do pai, porque este ainda era considerado o líder religioso da família. Desde que a mãe se assegurasse de criar os tempos livres para os estudos do marido, os seus deveres religiosos tradicionais podiam resumir-se a três: acender as velas, cozer o pão para o Sabbath e manter a pureza ritual da sua casa e de si própria.[27]

Deste modo, a mãe arquetípica, que contém calor, devoção e amor, funcionava como uma autoridade emocional e prática, enquanto o pai funcionava como uma autoridade culta e moral. Pela mesma razão, a mãe foi também a pessoa da família que mais facilmente se adaptou às novas circunstâncias da vida na América. Ela simplesmente adaptou o ambiente, tanto quanto possível, aos padrões do velho país tradicional. Por outro lado, o pai teve de abandonar a sua passividade no estudo do Talmude para poder sustentar a família através do trabalho físico.[28]

O fosso entre gerações

À medida que o tempo passava e os filhos dos imigrantes cresciam, e os pais até tinham filhos nascidos na América, o fosso entre as gerações parecia alargar-se. Os pais tinham a sua história comum de "judaísmo" com que se relacionar como ponto de apoio no novo mundo. Mas os filhos não tinham isso.[29] Em vez disso, procuravam outras formas de se identificarem entre os seus iguais, que encontravam naturalmente tanto na escola como na rua. As lojas de doces tornaram-se o centro social das ruas, porque eram frequentemente propriedade de judeus, pelo que as lojas acabaram por ser uma outra casa, muito mais livre, para as crianças dos cortiços.[30]

Os impulsos vindos de fora fizeram com que as tradições judaicas parecessem ainda mais restritivas e, como resultado, muitas crianças fugiram de casa e viveram uma vida completamente diferente nas ruas. Nas ruas, as crianças desfrutavam da sua nova liberdade e de actos pecaminosos como a demonstração de emoções e de artes como a dança, o canto e a representação.[31] Até as experiências sexuais eram vividas. As crianças imigrantes adquiriram na rua uma certa sabedoria ao descobrirem com os seus próprios sentidos "o outro pecaminoso", contra o qual os seus pais sempre as advertiram. Desta forma, tudo o que tinha a ver com emoções, sexo e arte, podia ser visto como uma revolta contra a regra dos pais em casa, simplesmente porque estas experiências permitiam oportunidades de auto-expressão até então proibidas.[32]

Esta vida de rua resultou naturalmente numa distância ainda maior entre a América e a antiga pátria dos pais. Como resultado, muitas crianças judias sentiram um estranhamento em relação a tudo o que

---

[27] Gittleman, 1978, p. 196, nota 3 do capítulo 3.
[28] Howe, 1976, p. 173.
[29] Cohen, 1972, p. 91.
[30] Howe, 1976, p. 209.
[31] Muitos artistas judeus-americanos do mundo do espetáculo começaram a sua carreira nas ruas. Howe, 1976, p. 558.
[32] Howe, 1976, p. 262.

tinha a ver com a cultura e a religião judaicas. Um exemplo claro disso é a escola hebraica, onde os rapazes judeus repetiam textos hebraicos de cor durante horas, sem sequer saberem o que estavam a ler. Na Europa de Leste, os alunos podiam também não compreender os textos, mas pelo menos esses rapazes estariam mais próximos da sua religião do que os rapazes judeus americanos, porque na América era cada vez menos importante para eles saber o significado das palavras hebraicas. Havia tantos outros impulsos estranhos a atingir. Como resultado, as escolas hebraicas acabaram por ser dominadas por rabinos inúteis[33] e alunos desrespeitosos.[34] O poder do rabino caiu, e assim, mais uma vez, a religião enfraqueceu, porque, como mencionou acima, o judaísmo ortodoxo não é uma religião flexível.

Quando as crianças mais velhas começaram a misturar-se com os gentios, e até a namorar com eles, e mais tarde a casar com eles, isso causou grande desânimo e revolta. A geração mais velha sentia hostilidade para com os gentios, o que poderia ser causado pelo medo de perder a sua religião. De acordo com a religião judaica, o próprio ato de casar era incompatível com o dever sagrado de fundar uma família que pudesse transmitir a religião à geração seguinte. É por isso que é um problema se um dos pais nem sequer pertence à religião. Nesse caso, os filhos deixam de ser judeus e a religião perde-se. Por outras palavras, os filhos devem assegurar a imortalidade do pai, o que não pode ser feito se não forem judeus.[35]

À medida que as crianças imigrantes cresciam e se tornavam uma nova geração de adultos, não se sentiam verdadeiramente integradas na sociedade americana, mas também não eram estrangeiras. Durante toda a sua juventude, viram os seus pais trabalhar como cães na indústria do vestuário para lhes dar a possibilidade de uma boa educação. E as crianças queriam aprender. Muitas vezes, tornavam-se "profissionais" (advogados, médicos, etc.) para satisfazer as ambições de estatuto social dos pais.[36] Muitas das crianças teriam escolhido outra carreira se lhes fosse dada a possibilidade de escolher livremente, mas não o fizeram. Não se tratava de saber o que queriam ser, mas sim de saber o que poderia dar um estatuto social mais elevado para compensar os anos de trabalho duro, manual e de baixo estatuto dos seus pais. Os filhos deviam sentir uma "dívida educativa" para com os pais.

A vida nos cortiços

O Lower East Side tinha as suas dificuldades. Alguns dos piores problemas eram o crime e a fome, que atingiram o auge durante a Depressão de 1893-94. No entanto, os bairros de imigrantes pareciam sempre conseguir ultrapassar os tempos difíceis devido à vontade de união dos seus habitantes. Mas

---

[33] Um rabino é o líder religioso judeu ou um professor da lei judaica, Oxford Advanced Learner's, 2000.

[34] Howe, 1976, p. 95 e pp. 201-202.

[35] Cohen, 1972, p. 107.

[36] Cohen, 1972, p. 84. Cohen refere-se particularmente ao romance de Henry Denker "My Son the Lawyer" (1950), em que uma mãe judia se permite morrer feliz, porque sabe que o seu filho se tornará advogado. O facto de o filho querer realmente esta carreira parece ser de menor importância.

a crescente americanização não podia ser excluída dos guetos para sempre.

Em 1905 e nos anos seguintes, a cultura americana influenciou ainda mais os bairros de imigrantes no Lower East Side. Se os imigrantes quisessem realizar as suas ambições profissionais, tornava-se importante vestir-se, falar e parecer como um bom americano.[37] Abraham Cahan[38] imortalizou esta mudança de estilo nos seus esboços de judeus-americanos; falou dos "alrightniks", que se tinham integrado na América de tal forma que já não tinham alma, deixando-se controlar completamente pelo capitalismo e pela sua riqueza recém-adquirida.[39] É claro que este modo de vida foi sobretudo aceite pela jovem geração de imigrantes, enquanto os seus pais ainda se mantinham fiéis aos valores religiosos comuns do seu antigo país.

Em 1908-1910, muitos judeus mudaram-se dos bairros de imigrantes do Lower East Side, em Manhattan, para Brooklyn e Bronx. Este movimento exprime, aliás, a americanização a que os judeus foram sujeitos. Espalham-se pelas zonas da cidade, onde os negócios e a vida se movem mais depressa do que nunca. No entanto, em "Call It Sleep", é outro movimento que tem grande importância, especialmente para David, nomeadamente o movimento da pacata Brownsville para o barulhento bairro de imigrantes em Lower East Side, do qual os judeus mais americanizados se afastaram. Assim, a família caminha na direção oposta à da maioria dos judeus da época:

"Para David, era um mundo novo e violento, tão diferente de Brownsville como o tumulto do sossego. Aqui, na 9th Street, não era o sol que nos inundava quando saíamos da porta, era o som - uma avalanche de som. Havia inúmeras crianças, havia inúmeros carrinhos de bebé, havia inúmeras mães. E aos gritos, repreensões e brigas destas, uma fila aparentemente interminável de vendedores ambulantes juntava-se aos seus gritos estridentes." (p. 143)

O modo de vida nos cortiços era muitas vezes tão ruidoso e cheio de gente como na rua. Os apartamentos eram pequenos, escuros e muitas vezes não tinham água quente nem eletricidade. E, para além disso, eram caros. Em 1900, o assistente social Lawrence Veiller fez uma exposição dos cortiços para mostrar que *"o trabalhador está alojado pior do que em qualquer outra cidade do mundo civilizado, apesar do facto de pagar mais dinheiro por essas acomodações do que paga em qualquer outro lugar".*[40] Como resultado das casas sobrelotadas, doenças como a tuberculose eram frequentemente registadas. O maior receio das famílias dos cortiços era morrer das doenças que grassavam no edifício ou serem postas na rua pelo senhorio, que podia fazê-lo e aumentar a renda devido à catastrófica falta de alojamento em Nova Iorque. Pela mesma razão, não era raro que uma

---

[37] Howe, 1976, p. 128.
[38] Abraham Cahan foi a voz do movimento socialista entre os judeus-americanos e o editor do "The Jewish Daily Forward" (1897), que viria a tornar-se um dos jornais iídiche mais lidos.
[39] Howe, 1976, p. 138.
[40] Howe, 1976, p. 89.

família de imigrantes partilhasse um apartamento de dois ou três quartos com vários pensionistas.

De um modo geral, os edifícios, construídos entre 1880 e 1901, eram mal construídos, pouco ventilados e nada seguros em caso de incêndio. O New York Tenement House Act de 1901 não fez grande diferença, apesar de terem sido instaladas janelas em todas as divisões. Regra geral, os nativos americanos não gostavam da ideia de intervenção governamental, o que não resultou em qualquer melhoria das condições de vida até depois da Primeira Guerra Mundial.[41]

Para poderem viver nestas circunstâncias, os judeus tinham de ser capazes de escapar por vezes à realidade e sonhar com os tempos do velho país. O teatro iídiche desempenhou um papel importante na fuga à realidade. Tinha de ser "sempre um pouco divertido"[42] Em grande medida, o teatro tornou-se uma parte da cultura judaica, também conhecida como "Yiddishkeit", que estava em forte oposição ao ambiente americano, porque mantinha não só a língua iídiche, mas também todas as ideias das raízes e da cultura da Europa de Leste.

No entanto, quanto mais forte se tornava a cultura imigrante, mais certo era o voo dos seus descendentes. A geração mais jovem de artistas e personalidades culturais não queria ficar presa a uma cultura fechada; queria chegar ao grande público americano. A cultura iídiche podia ter uma força provincial, mas também sofria de incerteza universal. É por isso que os escritores iídiche que escreviam em inglês tinham de romper com as suas famílias. Eram menosprezados, sobretudo se escrevessem sobre temas não religiosos.[43] Os seus pais e a geração mais velha sentiram-se traídos e o velho medo de perder a sua religião voltou a surgir. Com este pano de fundo, Henry Roth acabou por escrever o que mais tarde se tornaria um clássico.

Estou agora convencido de que o leitor sabe o suficiente sobre o contexto histórico de "Call It Sleep" para ser capaz de seguir uma introdução ao Novo Historicismo, bem como uma leitura Nova Histórica do romance.

---

[41] Howe, 1976, pp. 152-153.
[42] Howe, 1976, p. 460.
[43] Howe, 1976, p. 499.

Capítulo 5. Novo Historicismo

O romance em contexto

Há certas dificuldades quando se pretende discutir factos históricos em relação a uma obra de ficção. No tempo do New Criticism[44] , os analistas textuais acreditavam que qualquer peça de literatura era produzida num contexto de história literária, do qual tinham de a libertar para poderem ver o texto como absoluto. Isto significava que o analista teria de acreditar no texto como sendo capaz de ser absoluto e a única fonte de interpretação, o que era frequentemente praticado durante a leitura atenta. O contexto histórico do texto não tinha qualquer importância para a interpretação. No entanto, desde a década de 1980, houve vários passos na direção de ver a literatura como uma importante fonte sócio-histórica. Os antecedentes da história e da produção literárias tornaram-se agora importantes, mas desta vez não como antecedentes, mas como uma fonte igual de interpretação.

Com o surgimento do Novo Historicismo, não só a literatura de ficção, mas também a história foram colocadas numa nova perspetiva. A história passou a ser vista, mais do que antes, como uma forma de "narrar o passado" igual à boa literatura. Este ponto de vista é justificado pelo facto de a história não ser objetiva, mas produzida como descrições subjectivas do passado, da mesma forma que uma peça de literatura. O historiador também utiliza a condensação, a deslocação, a simbolização e a revisão secundária.[45] Por outras palavras, as fronteiras entre literatura, cultura e história são anuladas, e tanto os escritores como os leitores tornam-se elementos activos no processo de interpretação, uma vez que ambos estão sujeitos à representação ideológica do seu tempo. A análise textual sofreu uma mudança - uma mudança do tratamento do texto como um produto absoluto de um fundo histórico literário autónomo para o tratamento do texto como um produto de um sistema cultural.[46]

Considerando os grandes romances escritos durante os últimos dois séculos, parece haver uma razão para que se tenham tornado tão grandes. Normalmente, a sua grandeza está relacionada com a sociedade envolvente - ou mesmo com a sociedade vários anos depois de o romance ter sido escrito. Posso mencionar, indistintamente, "Oliver Twist" de Charles Dickens e o enfoque que lhe é dado nas circunstâncias das casas de pobres de Londres durante °século XVII, "A Letra Escarlate" de Nathaniel Hawthorne e a reação crítica que criou em relação às ideias feministas na sua época e mais de um século depois, "A Quinta dos Animais" de George Orwell e o seu efeito crítico sobre o comunismo e "Raízes" de Alex Haley e a sua influência na história e nos direitos legais dos afro-americanos. Os

---

[44] O New Criticism funcionou como uma teoria reconhecida de análise textual entre os anos 40 e o final dos anos 60 entre os críticos literários americanos. Funciona principalmente a partir da convicção de que nada de importante para a interpretação existe fora do texto, pelo que o texto deve ser tratado como um objeto verbal independente e autossuficiente. Abrams, 1999, p. 181.

[45] Branco, 1989, p. 297. (NH)

[46] Branco, 1989, p. 294. (NH)

seus autores não tencionavam muitas destas interpretações das obras . São interpretações que surgiram em ligação com a atmosfera da sociedade em que são lidas.

Desta forma, os académicos do Novo Historicismo afirmam que o texto pode sempre ser contextualizado - independentemente das intenções do autor na altura em que criou o texto. Por outras palavras, de acordo com o Novo Historicismo, o contexto histórico e cultural é importante para qualquer texto. A obra literária funciona como um produto e um produtor de energias e códigos culturais.[47] Estes novos pensamentos também colocam grandes exigências à capacidade do leitor para ler corretamente um texto. O professor de história da arte Stephen Bann apresenta aquilo a que chama "ferramentas retóricas" para este efeito.[48] São elas o enquadramento, a focalização e o preenchimento, todas elas úteis para levar o leitor a contextualizar o texto. As duas primeiras ferramentas não são fáceis de separar, uma vez que são úteis de forma muito semelhante. O enquadramento estabelece o quadro geral em que o texto é criado (por exemplo, um determinado período da história mundial), enquanto a focalização é mais concreta, porque produz certas propriedades históricas (por exemplo, uma certa maneira de falar ou de vestir ou um certo objeto, todos típicos do período histórico). O enquadramento e a focalização levam o leitor a situar o texto no tempo através dos seus efeitos artísticos durante a leitura. O preenchimento é o que o leitor obterá entre as duas outras ferramentas, o que significa que o contexto do texto se torna claro na mente do leitor em relação ao que leu ao nível do enquadramento/focalização. À medida que o leitor toma consciência do período histórico apoiado pelo enquadramento e pela focalização, torna-se cada vez mais consciente de inserir esse período histórico - e, por conseguinte, o texto - num contexto mais vasto, através do seu conhecimento prévio da história, à medida que a leitura prossegue. Além disso, Bann argumenta que o preenchimento da leitura é necessário para manter a atenção do leitor ao longo de todo o texto.[49]

Para além disso, é importante estabelecer, nas palavras de um cientista social, que a literatura *"(...) permite-nos ter uma visão do estado mental dos outros."[50]* Esta perceção é claramente demonstrada em "Call It Sleep" através do ponto de vista de David, pelo que se torna ainda mais natural que este comente as suas experiências com a sociedade que o rodeia e da qual faz parte.

O romance como reflexo do seu próprio tempo

Nos círculos literários, tem sido frequentemente discutido se um romance pode ser visto como um reflexo do tempo em que é escrito, tanto quanto um reflexo do tempo que descreve. Nesta discussão, vale a pena mencionar o historiador literário húngaro Georg Lukács. Ele afirma que um romance

---

[47] Abrams, 1999, p. 183.
[48] Bann, 1989, p. 104. (NH) Bann fala de textos no sentido lato do termo, o que significa que as ferramentas são úteis para a leitura de romances, bem como para o estudo da arte pictórica e visual.
[49] Bann, 1989, p. 113. (NH)
[50] Citado por Charles H. Cooley. Cohen, 1972, p. 31.

reflecte mais o tempo em que é escrito do que o tempo em que se passa, e considera a história e a literatura como uma ligação que retrata a totalidade da história.[51] Unidas numa só história e numa só literatura poderão estabelecer uma visão imediata da história tal como ela é num determinado período, tal como um retrato que representa a visão imediata de uma determinada pessoa. O seu fundamento para esta afirmação é uma visão complexa sobre o modo como a história se desenvolve.

Até ao século XIX, era geralmente aceite que a história era, em certa medida, narrativa, o que significa que existia apenas uma história linear e apenas uma forma de a recontar. Este ponto de vista surgiu na sequência da afirmação do historiador Leopold Von Ranke, em 1824, de que tinha descrito "o que realmente aconteceu".[52] No entanto, durante o século XIX, os burgueses tiveram acesso mais fácil a mais livros do que anteriormente e, na sequência disso, desenvolveram uma consciência histórica mais alargada e uma identidade nacional que os fez ver o mundo numa perspetiva diferente. Por outras palavras, passaram de ver a história como um pano de fundo que criou o presente para ver a história como algo que é criado entre perspectivas individuais; viram o historicismo.[53] Lukács vê esta mudança de visão da história como uma fronteira entre duas formas de escrever "um romance histórico". Nos séculos XVII e XVIII os romances históricos seguiram a visão da história como uma linha narrativa e, desta forma, criaram o padrão do clássico "bildungsroman", contando a história do desenvolvimento do protagonista de um extremo ao outro. Com a fundação do historicismo no século XIX, os critérios para escrever um romance histórico tornaram-se algo diferentes.[54] O romance histórico tinha de conter a perspetiva do historicismo - caso contrário, seria apenas uma descrição do protagonista com psicologia e motivação do próprio tempo do autor, em que a história se reduzia a um cenário de roupas e ambiente.[55] É importante sublinhar que esta nova visão da história se limitou às zonas burguesas, onde os livros estavam mais presentes. As pessoas comuns ainda acreditavam na história como uma narrativa linear.

Lukács apresenta dois critérios principais que se encontram sempre no romance histórico:[56]

1. O enredo deve desenrolar-se no âmbito de uma "crise nacional".

Isto significa que o pano de fundo do enredo deve ser um conflito historicamente conhecido, de modo a que seja possível ver este conflito de um ponto de vista regional.

2. O protagonista deve ser não-histórico.

---

[51] Lukács, 1962, p. 13.

[52] Von Ranke formulou a frase na sua obra "A História dos Povos Românicos e Germânicos" e, desde então, tem sido ridicularizado por isso. Kj0rup, 1999, p. 144.

[53] Esta nova visão da história foi especialmente popular e desenvolvida entre os filósofos do século XIX. Um dos mais conhecidos neste domínio é Wilhelm Dilthey.

[54] Lukács, 1962, pp. 19-20.

[55] Birklund Andersen, 1996, p. 37.

[56] Birklund Andersen, 1996, p. 38. A tradução destes pontos é da minha autoria.

Isto significa que o protagonista é suposto funcionar como um mediador neutro entre a história e o leitor. Além disso, ele não tem qualquer influência e torna-se assim o ponto de encontro central das acções históricas.

Todos os elementos narrativos de Lukács no romance histórico tornam-se funções do historicismo. Em relação à escrita de um romance histórico, Lukács descreve um fenómeno a que chama "anacronismo necessário".[57] Com este termo, pretende sugerir que o protagonista terá de se distanciar da sua presumível posição neutra. Isto significa que ele pode ser capaz de pensar ou dizer certas coisas que não seriam possíveis para uma pessoa real pensar ou dizer nos contextos históricos. A razão pela qual isto é necessário é porque, na sua tentativa de dar ao leitor uma descrição realista da sociedade contemporânea, o protagonista terá de a relacionar com o quadro global da história. Desta forma, Lukács revolta-se contra o protagonista neutro e mantém a visão historicista de que o passado é uma pré-história necessária ao presente e que estes dois devem ser combinados. Defende que a historicidade se traduz num contexto atual, o que faz dele um precursor do movimento da Nova História, que sugere a negociação entre o passado e o presente. A sua utilização do historicismo faz com que tanto os escritores como os leitores vejam a história como muito mais do que uma linha cronológica linear, e estas ideias contribuíram mais tarde para o desenvolvimento do Novo Historicismo.

(Demasiadas) fontes

O professor judeu-americano de literatura Harry Levin afirmou uma vez que a história é uma sucessão de constelações em constante mudança.[58] A força do Novo Historicismo reside na profusão dessas constelações e nas numerosas fontes. Principalmente tudo pode ser uma fonte histórica, inclusive a literatura. Mas também itens mais notáveis podem ser considerados quando os analistas textuais, assim como o historiador, querem interpretar o passado e as pessoas que viveram nele. Por exemplo, objectos como telemóveis, o folheto semanal da loja de departamentos dinamarquesa F0tex e um episódio da telenovela dinamarquesa "Nikolaj og Julie" podem ser igualmente boas fontes quando os historiadores, daqui a cem anos, quiserem interpretar a forma como o dinamarquês médio no ano de 2003 viveu a sua vida. É importante ter em conta que estes não podem ser tomados como um facto objetivo que prove como era realmente a vida naquela época. Mas, durante a interpretação, podem sugerir quais eram as tendências na forma de viver do dinamarquês típico nesse ano. Da mesma forma, o romance pode ser visto como uma fonte histórica igual a um livro de história, mas a literatura é ainda mais complexa do que "os factos históricos". Tal como as três fontes acima mencionadas, a literatura não é um facto, mas a forma da literatura faz parte da mensagem utilizada para refletir uma

---

[57] Lukács, 1962, p. 61. Inspira-se em Hegel e na sua utilização do termo em relação à arte.
[58] Klingenstein, 1998, p. 53.

determinada visão histórica e, por isso, também precisará de interpretação antes de poder ser utilizada como fonte histórica. Esta interpretação é, mais uma vez, uma rutura com a forma de ver a história como uma linha temporal - história direta e uma forma de a recontar. A história torna-se ainda mais uma batalha pela interpretação do passado, e as condições sociais e culturais tornam-se os meios para interpretar a literatura, por oposição ao fundo histórico literário, sem qualquer importância para a interpretação efectiva de um texto nos dias da Nova Crítica.

Em suma, o Novo Historicismo pode ser resumido da seguinte forma: em primeiro lugar, o Novo Historicismo rompe com as regras do Novo Criticismo, considerando o texto como absoluto. Em segundo lugar, o Novo Historicismo segue o ponto de vista do historicismo primitivo, considerando a história como criada a partir de perspectivas individuais e, em terceiro lugar, o Novo Historicismo rompe as fronteiras entre géneros equiparados, como a literatura e a história.

A crítica

O Novo Historicismo nem sempre foi bem-vindo entre os historiadores e estudiosos literários estabelecidos, que levantam objecções ao toque frequentemente ensaístico que essas apresentações contêm. Além disso, o Novo Historicismo tem sido frequentemente criticado por recolher demasiados "dados irrelevantes". Mas, como o filósofo Morton White estabelece, o Novo Historicismo também tem a ver com o direito de encontrar material relevante noutras fontes que não as que já estão a ser investigadas.[59] Este ponto de vista tem contribuído para que o Novo Historicismo seja considerado como "a ciência para as pessoas comuns".

Ao interpretar um texto, é preciso ter em conta que qualquer interpretação feita por um ser humano é controlada por códigos linguísticos[60] , o que torna qualquer abordagem teórica em si mesma paradoxal. O analista, bem como os seus leitores, podem ser um sujeito individual, mas também são sujeitos que estão sob a influência do ambiente cultural, histórico e social, o que significa que não é possível para qualquer analista sair completamente do contexto para investigar o contexto objetivamente.

O Novo Historicismo libertará o texto das suas fronteiras de género e, desta forma, estará livre para qualquer leitura e interpretação aberta e imparcial. O Novo Historicismo *não é* uma forma de ler um único texto isolado, mas, em suma, assegura uma nova forma de ler e interpretar a literatura, até porque a literatura parece estar mais consciente das suas carências textuais do que a não-literatura. Em princípio, a literatura circula e pode agora ser colocada em todas as conexões e combinada com

---

[59] Veeser, 1994, p. 10 (NHR)
[60] De facto, o filósofo francês Jacques Derrida afirma como um dos seus pontos principais que *" (...) um leitor não pode ir além dos signos verbais para quaisquer coisas-em-si que, por serem independentes do sistema da linguagem, possam servir para ancorar um significado determinável."* Abrams, 1999, p. 56

todos os géneros. Não existem textos marginais ou centrais. Todos eles pertencerão a uma *descrição espessa*. Esta expressão foi formulada pelo antropólogo cultural americano Clifford Geertz para tornar possível trazer o maior número possível de fontes para uma determinada interpretação. Como disse o historiador David Simpson: *"Agora Shakespeare liga-se a tudo!* [61]

Através de qualquer leitura, é também de salientar que o leitor é capaz de ver coisas à distância que talvez não fosse possível ver na altura. Os contextos mudam à medida que a sociedade muda, o que significa que, uma vez que o texto é colocado numa nova ligação, não fica necessariamente aí para sempre, mas pode ser desconstruído novamente dentro de alguns anos, à medida que a sociedade envolvente muda. O leitor é um sujeito à representação ideológica do seu próprio tempo.

Duas formas de praticar o Novo Historicismo

Dentro do Novo Historicismo existem poucas regras firmes e muitas ideias sobre como praticar esta disciplina. Duas das principais ideias provêm, respetivamente, do fundador Stephen Greenblatt e de uma colega escritora Marjorie Levinson. Greenblatt é frequentemente apoiado pelo historiador literário Louis Montrose. Todos os autores vêem como uma qualidade o facto de o Novo Historicismo funcionar num período de tempo alargado. Mas discordam quanto à forma como os textos do passado influenciam os textos do futuro. Greenblatt e Montrose acreditam nos textos como se o passado e o presente "negociassem" quais são as caraterísticas mais importantes para influenciar os textos no presente e no futuro, enquanto Levinson acredita em "sintomas" do passado que são transferidos para os textos actuais de uma forma dinâmica.[62]

Montrose distingue duas faces da mesma moeda quando fala da "historicidade dos textos" e da "textualidade da história". A primeira refere-se ao facto de todos os textos escritos, que se destinam a ser lidos e compreendidos, poderem também ser vistos como fontes históricas. A segunda inclui a convicção de que nenhuma fonte histórica pode ser vista como pura e não afetada pelo seu ambiente cultural e social, assim como a fonte não pode permanecer inalterada pelo processamento e pelas interpretações dos historiadores de um período posterior.

Cinco pressupostos fundamentais

Apesar das críticas, o Novo Historicismo conseguiu sobreviver como teoria. No entanto, a estrutura muito frouxa pode ser um sinal de direitos legais e de liberdade para os académicos do Novo Historicismo, mas também pode ser bastante confusa para o leitor, pois parece que não existem quaisquer limitações. É por essa razão que o professor de inglês H. Aram Veeser desenvolveu um conjunto de cinco pressupostos fundamentais após uma leitura atenta de vários textos. Estes

---

[61] Veeser, 1994, p. 14 (NHR).
[62] Andersen, 2001, p. 344. (LT)

pressupostos estabelecem o que o Novo Historicismo assume. Veeser sublinha que os pressupostos nunca tiveram como objetivo reduzir a complexidade do Novo Historicismo, mas infelizmente os seus revisores gostaram dos cinco pontos exatamente por essa razão.[63]

Uma vez que o Novo Historicismo é uma parte importante deste projeto, optei por incluir os cinco pressupostos, em parte para dar ao leitor uma visão geral do que o Novo Historicismo representa em parte, mas também para tornar claro por que razão o Novo Historicismo é útil em relação à interpretação de "Call It Sleep". A seguir à lista dos cinco pontos, comentarei e elaborarei o que eles significam e como esse significado se relaciona com a minha análise do romance.[64]

<u>Os cinco pressupostos fundamentais:</u>

O Novo Historicismo pressupõe:

1. que cada ato expressivo está inserido numa rede de práticas materiais.

2. que cada ato de desmascaramento, de crítica e de oposição utiliza os instrumentos que condena e arrisca-se a ser vítima da prática que expõe.

3. que os "textos" literários e não literários circulam de forma inseparável.

4. que nenhum discurso, imaginativo ou arquivístico, dá acesso a verdades imutáveis ou exprime uma natureza humana inalterável.

5. que um método crítico e uma linguagem adequada para descrever a cultura sob o capitalismo participam na economia que descrevem.

O ponto número um sugere que tudo está ligado num todo comum. Por outras palavras, tudo está dentro de tudo. Visto em relação ao romance, isto significa que "Call It Sleep" não pode ser separado do seu contexto relativo à sociedade que descreve, à sociedade em que é escrito ou à sociedade do futuro leitor, mas será sempre lido em relação a outra coisa.

O ponto número dois é bastante paradoxal. Os académicos do Novo Historicismo são vítimas da sua própria crítica. Por outras palavras, o Novo Historicismo utiliza os mesmos instrumentos que condena quando defende os seus argumentos. Sempre que eles argumentam, eles naturalmente procedem de forma metódica e sistemática, e toda estrutura sistemática cria uma estrutura própria à qual o sistema aparentemente não pertence. Nenhuma ciência é capaz de se libertar completamente do sistema da linguagem, pois ela é a chave da comunicação entre os seres humanos. O próprio texto do crítico será também um "documento em estudo". Visto em relação ao romance, estabelece mais uma vez que eu,

[63] Veeser, 1994, p. 2. (NHR)
[64] Estes comentários serão uma mistura da própria elaboração de Vesser, Veeser, 1994, pp. 14-19, (NHR) e da minha própria convicção de que os pontos são úteis para a análise textual que se segue.

20

enquanto analista textual, nunca poderei isolar o texto do seu contexto ou do meu próprio contexto.

O ponto número três afirma que a literatura e a não-literatura circulam inseparavelmente. Isto significa que "Call It Sleep" não pode ser carimbado como pura ficção sem quaisquer raízes na realidade.

O ponto número quatro significa que nenhum texto dá acesso a verdades imutáveis. Isto significa que, seja qual for a análise textual de "Call It Sleep", ela pode sempre ser discutida. Talvez outro analista olhe para o texto de outra perspetiva e chegue a outro resultado. Por outras palavras, tudo será sempre visto em perspetiva.

Segundo o próprio Veeser, o ponto número cinco precisa de ser mais elaborado. Ele afirma que as novas economias exigem uma nova poética, o que significa que, à medida que a estrutura económica muda, também mudam as circunstâncias em que os escritores trabalham. Por exemplo, poderíamos considerar o facto de que a melhoria das condições de vida no Estado Providência já não torna necessário que os escritores produzam textos para lutarem para ganhar a vida. Os artistas raramente trabalham para se tornarem milionários, e não é claro que toda a arte está à venda, mas os artistas continuam a ter de ganhar a vida. Isto significa que, mais cedo ou mais tarde, todos os artistas terão de confrontar o valor comercial com o valor artístico da sua arte, quer o queiram admitir ou não. Roth reflecte sobre as suas próprias circunstâncias financeiras durante o seu bloqueio à escrita no período em que viveu com Eda Lou Walton, dizendo *"Não havia necessidade de fazer mais nada; eu estava a ser apoiado. Se eles não o tivessem aceite ou se eu fosse um tipo pobre e eles dissessem: "Acaba mais uma secção e recebes mais $1000", provavelmente teria feito o que queria."*[65] No entanto, nunca gostou da ideia de ganhar dinheiro com o seu trabalho. Quando "Call It Sleep" foi reeditado em 1960, Roth nunca concordou com a reedição por causa dos possíveis ganhos. Diz-se, aliás, que quando o editor o visitou depois da reimpressão com muitas críticas positivas, Roth olhou para ele e disse-lhe friamente: *"Compreende que está a minar a minha posição?"*[66] No entanto, recebeu de bom grado o dinheiro da venda em 1965, porque lhe permitiu, a ele e à mulher, viajar por todo o mundo. Além disso, no caso de "Call It Sleep", vale a pena considerar que foi escrito durante a depressão económica dos anos 30 na América. Ao ver as pessoas a morrer à fome nas ruas, Roth teve dificuldade em lidar com a sua vida privilegiada e, com um sentimento de culpa, juntou-se ao Partido Comunista em 1933. Como resultado, os comunistas puseram em evidência as caraterísticas proletárias do romance, embora Roth não tivesse a intenção de escrever um romance político.

---

[65] Dito numa entrevista com Bonnie Lyons em 17th e 18th de outubro de 1972, Lyons 1976, pp. 166-167. Lyons, 1976, p. 173.

[66] Representado por Gabi Gleichmann a partir de um artigo no "[Politiken]" de 12 de março de 1995; "En mesters sporskifte". A tradução é da minha autoria.

Para que serve o Novo Historicismo

Concluindo, é evidente que "Call It Sleep" não é um texto absoluto. Não só pode como deve ser visto como uma fonte sócio-histórica. Está claramente ligado à sociedade do tempo interno, que é quando o enredo se desenrola, mas também o tempo externo, que é quando Roth escreveu o romance, deve ser considerado sempre que a análise e a interpretação textuais disserem alguma coisa sobre o romance e a história mental que representa através da sua forma de recontar os modos de vida judaicos em Nova Iorque no início do século passado. Além disso, o próprio tempo e a sociedade do analista textual podem contribuir para uma interpretação útil, bem como para uma reflexão sobre o romance. Com isto na cabeça do leitor, o romance criou um "contrato" com o seu leitor para que este tire o máximo partido da história.

Ao fazer uma análise textual com uma leitura novo-historicista é, portanto, importante que o analista tenha em mente os aspectos mencionados acima. Estes podem ser brevemente resumidos em três pontos que Montrose considerou particularmente úteis:[67]

Os textos analisados devem ser vistos em ligação com:

1. a historicidade dos textos e a textualidade da história.

2. as trocas ou negociações dos textos com determinados contextos históricos.

3. o próprio contexto cultural do analista.

Por último, mas não menos importante, é importante concluir que o Novo Historicismo ajuda o leitor, e o analista, a ver o texto como uma fonte histórica tanto para o tempo que descreve, mas também para o tempo em que é lido. A interação entre os períodos de tempo é o que faz da literatura uma fonte útil para a interpretação do passado. A negociação do Novo Historicismo entre o passado e o presente funciona de forma muito semelhante à arena da política, onde nenhuma solução é absoluta. Tal como na política, os académicos neo-historiadores acreditam que é o problema, e não a solução, que é convincente, porque o problema traz a "mobilidade inquieta" que cria resultados úteis no final.[68]

Passarei agora à análise textual. Isto levar-me-á a investigar o desenvolvimento e a interação de David com as outras personagens do romance através de uma leitura atenta. Mais tarde, colocarei o romance na perspetiva do Novo Historicismo, o que me permitirá concluir que tipo de romance é este, e como as diferentes leituras concluem sobre os modos de vida e a mudança de identidade entre as crianças judias que vivem em Nova Iorque no início do século XX, como uma fonte histórica.

---

[67] Montrose, 1989, p. 20. (NH)
[68] Veeser, 1994, p. 21. (NHR)

Capítulo 6. Análise textual

O modelo lacaniano de análise textual

A teoria de Jacques Lacan sobre o trabalho com textos centra-se numa leitura desconstrutiva do texto e na reescrita auto-desconstrutiva do autor da sua vida como um texto. Isto aplica-se sobretudo às autobiografias, e o texto com que estou a trabalhar não é uma autobiografia, mas um romance. No entanto, este romance contém traços autobiográficos, e é por isso que complemento Lacan com os estudos de Lilian Munk Rösing sobre a "criança interior" freudiana.[69] O modelo lacaniano de análise textual também faz uso de termos freudianos. No capítulo seguinte, apresento as caraterísticas mais relevantes do modelo a utilizar na análise de "Call It Sleep". O modo de ler um texto segundo este modelo é particularmente útil para revelar os conflitos entre as personagens e, deste modo, revelar o desenvolvimento do protagonista.

Um romance escrito do ponto de vista de uma criança coloca o leitor sob a pele da criança. Através da criança, o leitor será capaz de recordar situações reconhecíveis com todos os sentidos da criança.[70] Mas "a criança" nem sempre é uma criança autobiográfica real, mas sim uma representação da criança que se instalou na mente do narrador adulto, tal como a criança simbólica utilizada em psicanálise.[71] Quando o psicoterapeuta trata um paciente, muitas vezes quer seguir o paciente até às suas experiências de infância. Estas podem levar a outras experiências que nunca aconteceram na vida real, mas que são representações do que o paciente recorda ter acontecido, criando as acções da sua "criança interior". Da mesma forma, o romance autobiográfico fará com que o presente explique o passado tal como o autor o recorda, porque o romance tem como objetivo explicar como o autor se desenvolveu como o indivíduo que é hoje. Mas isto nunca pode ser feito de uma forma factual neutra, porque o autor organiza o passado segundo um padrão que segue o desenvolvimento que deseja expressar no enredo. É o que acontece quando "a criança interior" coloca os acontecimentos do passado numa nova perspetiva e lhes atribui um significado que não tinham necessariamente na altura da experiência real, porque o autor adquiriu muito mais experiência de vida nos anos passados. É o que Freud chamaria de "realidade psicológica".[72] Esta realidade não tem de ser factual, e a narrativa da psique não segue uma linha reta, mas consiste em certos pivots com fios que têm de ser seguidos. É por isso que o que NÃO é dito é tão importante como o que é dito. O autor cria-se a si próprio nas palavras que o criam como narrador no romance com caraterísticas autobiográficas.[73]

---

[69] Roth afirma que se manteve fiel aos factos autobiográficos durante as primeiras 75 páginas, e depois *"(...) o conflito entre a minha fantasia ou ficcionalização e a realidade tornou-se tão forte que tive de parar. A vitória acabou por ser ganha pelo meu lado fabulador"*. Da entrevista com Roth. Lyon, 1976, p. 167.
[70] Rösing, 2001, p. 8.
[71] Rösing, 2001, p. 11.
[72] Rosing, 2001, p. 13.
[73] Dovey, 1988, p. 15.

O analista textual não pode tomar uma posição fora da escrita para comentar a escrita. Em vez disso, tenciono tornar clara a função retórica do texto e fazer com que o "como, quando e porquê" da narração seja o "quê" da questão principal na perspetiva dos três pontos analíticos de Montrose.

A procura de identidade do sujeito

O centro do romance autobiográfico será naturalmente subjetivo. No entanto, é importante distinguir entre o "eu", como pura função da psique, situado entre bons e maus instintos, e o "eu", que é o ponto em que o sujeito se experimenta como um sujeito com uma certa identidade.

Segundo Lacan, o primeiro sentimento de identidade da criança ocorre durante o estádio do espelho freudiano, no qual a criança descobre uma imagem alienante de si própria. A criança já não é um sujeito puro no seu próprio mundo, mas tem de enfrentar uma luta pelo domínio e pela resposta entre outros indivíduos no mundo que a vêem como objeto. O objetivo desta luta é experimentar a si própria como um sujeito (eu) em interação com outros sujeitos que, de momento, serão reduzidos a um objeto (tu).

Uma das formas mais comuns de nos sentirmos como sujeito entre outros objectos é durante o ato de fala: O sujeito (eu) dirige algo ao objeto (tu) para satisfazer o desejo de complementação (ser alguém - existir para alguém). Durante o seu desenvolvimento, a criança quer ser vivida como um complemento da mãe, desafiando assim o monopólio do pai sobre esse ato.[74] Muitos casos do complexo de Édipo são iniciados pelo primeiro ato de fala da criança. Ao escrever um texto, o autor torna-se como essa criança, exigindo uma resposta do leitor, e assim o leitor torna-se aquele que possui as necessidades de satisfação que o autor deseja possuir; isto é, a atenção para com o texto.

A morte simbólica

Como já foi referido, a fase do Espelho é o movimento da criança de ser sujeito no seu próprio mundo para a consciência de uma diferenciação sujeito-objeto neste mundo. Perde-se um sentimento agradável de controlo do mundo inteiro e surge o desejo de lutar para continuar a ser um sujeito soberano. Se a criança não conseguir recuperar esse sentimento de "Eu", o instinto de morte entra em ação. Isso não significa que a criança queira literalmente morrer, mas ela procurará uma morte simbólica, que lhe assegure um renascimento e uma nova oportunidade de viver esta fase de controlo, de luta e de desejo. Por outras palavras, a morte simbólica significa um caminho para a subjetividade e o domínio. É o nascimento de um novo sujeito. Vista numa perspetiva histórica, significa que o passado será revelado através da repetição. São estas repetições que o autor considera importantes para as suas mortes e renascimentos simbólicos, e é uma interpenetração mútua do passado e do

---

[74] Dovey, 1988, p. 21.

presente. [75]O sujeito envolve-se num movimento simbólico dentro do movimento histórico. [76]

A experiência autobiográfica

O presente não é a eternidade, e é por isso que tem de passar para o passado. Isto significa que qualquer romance autobiográfico possui uma continuidade narrativa entre momentos de consciência.[77] Na análise do texto e da tradição, é importante recordar o tema e o princípio estruturante do círculo hermenêutico: Ver o todo como uma parte das unidades e as unidades como uma parte do todo. A escrita do "corpo", assim como a do "pensamento", deve ser incluída em qualquer bom texto, em oposição ao que Lacan chama de "texto sublimado", que afirma não ter nenhum significado incluído. Assim, o "realista" em qualquer romance é sempre fundado na cultura como sendo uma parte dessa cultura.[78]

A função das quatro partes do romance pode ser lida como a continuidade narrativa de Roth entre os seus momentos de consciência enquanto recorda a sua própria infância. A história mental do romance faz com que o leitor descubra como o autor se desenvolveu para se tornar a pessoa que é no momento externo da obra. Tanto na realidade psicológica como na realidade factual, certas situações de vida fazem com que os dois lados da integração de David no romance e a experiência de integração do próprio Roth se encontrem. Seguindo o espírito da Nova História, isto significa que a realidade factual de Henry

A experiência de imigrante de Roth e a realidade ficcional da experiência de imigrante de David Schearl funcionarão como "descrição espessa" uma da outra para contar ao leitor a experiência típica de um imigrante judeu na América de há um século.[79]

De acordo com a "leitura desconstrutiva", é importante manter a distância metafórica entre o escritor e o leitor. O doente não deve ajudar os médicos a curá-lo [80] Isso faz do leitor um sujeito que existe apenas como parte do processo de significação, sem autoridade para influenciar os textos que o rodeiam. No entanto, Lacan afirma que todo o ato de fala é sempre uma tentativa de comunicação, e pela comunicação deve ser esperada uma certa resposta - mesmo que não haja resposta nenhuma, porque se dirige sempre a alguém durante um ato de fala.

[75] Dovey, 1988, p. 32.
[76] Dovey, 1988, p. 36.
[77] Dovey, 1988, p. 43.
[78] Dovey, 1988, p. 54.
[79] Callager/Greenblatt, 2000, pp. 30-31. Os dois professores defendem que o maior desafio não é explorar outros textos para além da literatura, mas *"mostrar de forma comprimida as formas como os elementos da experiência vivida entram na literatura, as formas como as instituições e os corpos quotidianos são registados"*. Inspiram-se em notas de campo antropológicas, mas neste caso os registos autobiográficos têm a mesma função, porque tanto o antropólogo como o escritor de uma autobiografia recolhem a "experiência vivida" da vida quotidiana.
[80] Eugene Dawn. Dovey, 1988, p. 49.

Capítulo 7. Análise textual de "Call It Sleep"

O Narrador

O ponto de vista em "Call It Sleep" é um ponto de vista na terceira pessoa; todas as personagens são referidas como "ele, ela ou eles". No entanto, as nuances deste ponto de vista são bastante complexas, mas o ponto de vista principal situa-se na perspetiva de David. As excepções a esta regra são o prólogo e o capítulo 16 de "The Rail" (que é o ponto de vista do narrador omnisciente que muda para o ponto de vista do rabino), o capítulo 18 de "The Rail" (que é o ponto de vista do narrador omnisciente) e o capítulo 21 de "The Rail" (que continua a representar a voz de David, mas misturada com outras vozes).

O narrador do prólogo do romance é um narrador omnisciente; tem acesso à mente das personagens e, por isso, conhece os seus pensamentos, sentimentos e motivações, que exprime explicitamente. O narrador dá informações factuais ao leitor sobre o cenário: *"Era maio do ano de 1907, o ano destinado a trazer o maior número de imigrantes para as costas dos Estados Unidos."* (p.9) e sobre as personagens: *"Ela falava em iídiche".* (p.11) Estes factos introdutórios são necessários para facilitar a entrada do leitor no romance, e o narrador funciona assim como um poder de autoridade, do qual o leitor não pode prescindir.

Após o prólogo, o ponto de vista deixa de ser omnisciente e passa a ser restrito. Isto significa que o leitor continuará a ter acesso à mente das personagens, mas apenas através das experiências de David. O enredo já não é contado, mas mostrado ao leitor. Por outras palavras, o leitor experimentará as personagens e o ambiente com a mente de uma criança de seis anos. Este facto é evidente logo na primeira página: *"(...) David apercebeu-se novamente de que este mundo tinha sido criado sem pensar nele. Tinha sede, mas a anca de ferro do lava-loiça assentava em pernas tão altas como o seu próprio corpo, e nem com um braço esticado, nem com um salto, conseguia chegar à torneira distante".* (p.17) O narrador usa David para exprimir implicitamente o tipo de pessoas que as restantes personagens são e como funciona o ambiente do mundo adulto, incluindo também a língua, que é formada numa hierarquia. David sabe que deve falar iídiche em casa, que a língua sagrada, o hebraico, que ele nem sequer compreende, deve ser usada no cheder e que o inglês só deve ser usado na escola e na rua, entre os amigos. Esta forma de exprimir os pensamentos e sentimentos do protagonista tão diretamente como lhe saem da cabeça é também chamada "fluxo de consciência" e dá ao leitor a ilusão de estar a viver acontecimentos que se desenrolam diante dos seus próprios olhos.[81] Por essa razão, pode argumentar-se que o "fluxo de consciência" é uma fonte mais fiável para o enredo do que o narrador omnisciente que "escolhe" aquilo em que quer que o leitor se concentre. No entanto, o

---

[81] Abrams, 1999, p. 233.

controlo do narrador não desaparece, mas será apresentado sob a forma do narrador implícito.

Roth usa a linguagem para fazer um movimento na forma de expressão do narrador implícito sem mudar o ponto de vista infantil de David. Ele move-se entre um narrador implícito e um narrador implícito explícito. Isto é feito durante os mal-entendidos ou lacunas que a criança tem em relação à compreensão do mundo do adulto. David sabe que algo está errado, mas não sabe o quê. É por isso que ele não consegue perceber porque é que o substantivo "organista" é igual a ser gentio, uma vez que não têm o mesmo som. *"O que é que era um organista? Era instruído, isso era claro. E que mais é que ele fazia? Se ouvisse, poderia descobrir mais tarde. Então era um goy. Um cristão. Não soavam ao mesmo".* (p.196) Durante a conversa entre a mãe e a tia Bertha, ele recebe mais indícios de uma ligação que ainda não consegue decifrar. *"- Flores de milho azuis? Como elas! Milho! Isso era...! Lá dentro, na parede! Gee! Olha para ele mais tarde! Oiçam! Escutem agora!"* (pp. 203-204) e *" - Estrada. Preto! Preto! Onde é que eu já ouvi isso? Preto? Agora não".* (p.204). A confusão da criança é ainda mais acentuada pelo facto de os dois adultos falarem polaco, uma língua que David não consegue compreender mais do que algumas palavras isoladas. Desta forma, o significado do romance é revelado através destas lacunas e do desenvolvimento seguinte, em que o segredo é lentamente revelado a David - e ao leitor. Quando o leitor vê o mundo através dos olhos de David, é mais fácil identificar-se com ele do que se o visse através dos olhos do narrador omnisciente. Isto deve-se ao facto de David ser uma criança e agir como tal. Todos nos lembramos de sermos demasiado pequenos para chegar ao lava-loiça ou das experiências que tivemos com "a cave assustadora", etc., da nossa própria infância. No entanto, o leitor analista deve interrogar-se se as caraterísticas infantis, por si só, fazem de David um narrador fiável. De um modo geral, a resposta a esta pergunta deve ser afirmativa, mas há alguns indícios que revelam o narrador adulto implícito por detrás de David. Por exemplo, somos informados de que a mãe *"(...) inclinou a cabeça para trás, com uma desilusão engraçada".* (p.18) Esta frase testemunha um vocabulário e um conhecimento dos sentimentos dos adultos que um rapaz de seis anos dificilmente possui. Em contrapartida, na página anterior, ouvimos que *"A vassoura invisível parou para ouvir".* (p.17). Esta personificação infantil da vassoura parece muito mais com algo que uma criança usaria numa descrição.

As excepções a este ponto de vista restritivo encontram-se em "The Rail", nos capítulos 16 e 18, e têm a função de deslocar o foco da leitura dos actos de David para as reacções das outras personagens a esses actos. Roth pensou obviamente nesta caraterística como sendo necessária para conduzir o leitor ao clímax do enredo no capítulo 21, que é em parte o ponto de vista restritivo de David, mas também os pontos de vista da população mista nas ruas de Nova Iorque para ilustrar a luta de David na sua inconsciência.[82]

---

[82] Uma análise mais pormenorizada do capítulo culminante será feita mais tarde.

As personagens

Este capítulo centrar-se-á exclusivamente na caraterização das personagens mais relevantes no acompanhamento da evolução de David e nos traços caraterísticos de cada uma dessas personagens.

Genya: A primeira descrição da mãe não é tipicamente infantil, embora seja suposto o leitor vê-la com os olhos de David. É verdade que *"Parecia alta como uma torre"* (p.17), que é uma descrição tipicamente infantil do adulto, mas também temos descrições menos infantis e mais sexuais da sua aparência. *"O velho vestido cinzento que usava subia direito do forte tornozelo nu até à cintura, curvava-se à volta do peito profundo e sobre os ombros largos (...) Tinha lábios suaves e cheios, cabelo castanho."* (p.17). Além disso, ficamos a saber que o seu rosto tem *"(...) um ar reservado e quase triste".* (p.18) Isto avisa o leitor de que algo pode estar errado. Este facto é revelado mais tarde, tanto pela atração que David sente por ela, como pelo seu descuido em relação a questões religiosas, que será indicado ao longo do enredo.

Ela tenta ser a esposa judia tradicional, fazendo todo o trabalho da casa, mas não o é. Diz: *"Mas enquanto o meu avô era muito piedoso, ela* [a avó] *só fingia ser - tal como eu estou a fingir, que Deus nos perdoe a ambos."* (p.65) e *"Não sei porque é que fizeram da sexta-feira um dia tão difícil para as mulheres".* (p.70) Isto mostra que ela não acredita no judaísmo e só cumpre os deveres e ritos religiosos porque é obrigada. Está alienada da sua religião. Além disso, teve uma relação com um gentio e teve um caso no seu casamento, actos imperdoáveis para qualquer judeu ortodoxo.

Bertha: Parece ser mais fiel ao judaísmo do que Genya, porque acredita nos valores do país de origem, o que se nota particularmente na sua distância em relação à leitura de romances alemães pela irmã e no desinteresse de Genya pelo judaísmo. *"Eles estragaram-te, percebes? Tu não eras - não, como é que hei-de dizer? - boa. Eras suficientemente boa, a mais gentil de todas nós. Mas não eras verdadeiramente judeu".* (p.165) Nesse caso, Bertha pode ser mais judia do que a romântica Genya. No entanto, Bertha é uma rebelde, que nunca quer regressar ao seu país natal, porque afirma: *"Estou demasiado contente por ter fugido".* (p.153), e por isso toma o destino nas suas próprias mãos, casando com um imigrante judeu russo-americano, para poder ficar e ganhar a vida na América. Mas, apesar do seu comportamento rebelde, Bertha está tão derrotada pelo judaísmo que nunca casaria com um gentio. Além disso, tem uma atitude hostil para com os gentios. Diz: *"Que um raio vos parta em pedaços!"* (p.150) à porta do Metropolitan Museum of Arts, e as pessoas que seguem dentro do museu são mais tarde descritas como *" (...) um ele e uma ela-diabo com um black power nas pernas."* (p.150).

As duas irmãs diferem sobretudo na sua atitude em relação ao passado no velho país. Enquanto Genya é animada, viva e alegremente nostálgica em relação ao passado, Bertha opõe-se e é sarcástica e negativa.[83]

<u>Albert:</u> O pai é descrito como uma pessoa que David deve temer. A relação de David com o seu pai contrasta fortemente com a relação próxima que tem com a sua mãe. Em primeiro lugar, quando David olha para o calendário e vê os dias vermelhos, que significam que o seu pai vai estar em casa, *"David sente sempre um pequeno medo ao vê-los aproximarem-se".* (p.19), e um pouco mais tarde David fica a saber que *"O pai era tão silencioso e tão distante que ele sentia que estava sozinho mesmo ao seu lado. "*(p.24) Além disso, o pai é forte. *"Os fusos largos e os montes de músculos ao longo do braço e dos ombros davam-se com força quando ele se movia. Os músculos do peito e da barriga lisa eram quadrados e planos (...) Ele era poderoso (...)"* (p.176) Fica furioso com David, e esta raiva pode encobrir a sua insegurança em relação ao filho. Alberto é visto como fisicamente forte, mas será também mentalmente forte? Não parece ser o caso quando ameaça o filho depois de ter espancado um homem até à morte: *"Diz qualquer coisa à tua mãe", continua a voz estrangulada, "e eu mato-te à pancada! Ouviste?"* (p.282). Além disso, já no início do romance ficamos a saber que é um homem de mau feitio, porque é suficientemente forte para atacar outro homem com um martelo no trabalho, mas não é suficientemente forte para enfrentar o patrão depois. Este manda David ir buscar as suas roupas e o resto do seu salário.

<u>Leo:</u> tem uma posição semelhante à de Deus na mente de David. *"Não havia fim para as bênçãos de Leo - sem pai, quase sem mãe, patins. "* (p.303), e quando Leo o deixa, ele *"(...) poderia ter chorado no momento seguinte. "* (p.307), e o mais importante de tudo: *"Leo não tinha medo!"* (p.305). David sabe que tem algo a ver com o crucifixo que Leo usa, e esta outra fé que ele simboliza torna-se cada vez mais fascinante para David.

<u>David:</u> é o centro desta análise. Por isso, não tenciono fazer uma caraterização completa dele neste momento, pois a sua personalidade tornar-se-á mais clara durante o seu desenvolvimento. No decurso da presente análise, comentarei as caraterísticas de David, pelo que, por agora, apenas estabelecerei que, no início do romance, ele é uma criança calada e assustadiça, uma vez que *"Tudo o que conhecia o assustava"* (p.137), e que, à medida que o enredo avança, as nuances da sua personalidade vão sendo reveladas, de modo a que David se transforme noutra coisa.

Pecado

Neste contexto, o pecado é referido como a violação de regras e normas religiosas. Esta é uma questão importante para os Schearls. Como uma família de imigrantes judeus aparentemente típica, eles deveriam viver de acordo com as regras do judaísmo. No entanto, o seu modo de vida prático mostra outra coisa. Ambos os pais traíram a sua religião e pecaram no passado. Os capítulos em que esses

---

[83] Lyon, 1976, p. 44.

pecados são revelados são, respetivamente, o capítulo 9 de "O Quadro" e o capítulo 19 de "O Carril". Genya teve uma relação com um homem gentio, pondo assim em perigo a sobrevivência do judaísmo na sua família. Albert não fez nada para impedir que um touro enlouquecido matasse o seu pai, embora pudesse tê-lo salvo, o que significa que, indiretamente, matou o pai. O facto de ter deixado que o seu desejo individual de vingança contra o pai, após uma discussão com este, se sobrepusesse ao sentimento coletivo de família faz dele um grande pecador. Além disso, Albert torna-se culpado de privar a sua família do chefe religioso.

Os temas principais

Os dois capítulos acima referidos estabelecem para David e para o leitor o que realmente aconteceu antes de a família vir para a América. Mas já no prólogo o leitor tem a sensação de que nem tudo é tão idílico como deveria ser na reunião da família. Ficamos a saber que *"A verdade é que havia algo de muito atípico no comportamento deles"*. (p.11) Estão silenciosos e afastados, como se houvesse uma tensão desagradável entre eles. Albert é apresentado como o marido e pai estereotipado que trabalhou nos Estados Unidos durante alguns anos e agora é suposto ser suficientemente bem sucedido para se reunir com a mulher e o filho. Mas há algo que o incomoda. Ficamos a saber que as suas roupas *"(...) eram as roupas comuns que o nova-iorquino comum usava naquele período - sóbrias e sem graça"*. (p.10), mas também que Genya sugere que ele *"(...) ficou sem comer"*. (p.12) É uma pessoa com mau feitio e baixa autoestima, e sente que falhou no seu sucesso. Não quer ser vulgar, quer ser notável e poderoso, e quando Genya comenta: *"(...) aqui na nova terra é a mesma velha pobreza."* (p.12), isso deixa-o furioso. Ele quer afastar-se do passado pecaminoso e da pobreza vergonhosa do velho país, e é por isso que tem de se livrar de tudo o que o recorda - incluindo o chapéu de David, que atira à água. A observação de Genya também indica que ela não tem a certeza de que "a Terra Dourada" seja, afinal, assim tão dourada. O contraste entre os esforços de adaptação de Albert e a insegurança de Genya relativamente à sociedade americana constitui um tema do romance. Para fazer justiça, é preciso acrescentar que Albert tem a tarefa mais difícil de se adaptar a uma nova sociedade, porque tem de se deslocar entre a casa e o trabalho e, assim, negociar a sua adaptação à América. Em oposição, Genya pode ficar em casa e fazer com que a América se adapte aos seus padrões femininos habituais.[84] Esta luta entre os poderes paterno e materno permeia o resto do enredo.

A oposição entre marido e mulher cria uma forte relação entre mãe e filho. Ela sente que tem de proteger o filho contra o pai furioso: *"Levou o filho soluçante para o peito, apertou-o contra si"*. (p.15) e, mais tarde, quando o temperamento de Albert explode, ficamos a saber que *"David e a mãe olhavam para ele com um terror fascinado"*. (p.136). Além disso, David e a mãe partilham uma vida

---

[84] Ferraro, 1993, p. 99.

comum em casa, na cozinha, da qual Albert não faz parte porque tem de ir trabalhar. Todas estas caraterísticas criam outro tema: o clássico triângulo de Édipo, que faz com que David e Albert estejam em constante competição pela atenção de Genya. Isto também nos remete para o modelo lacaniano em que a criança quer ser vivida como o complemento da mãe. Por vezes, David quer tanto a atenção da mãe que lhe faz todo o tipo de perguntas só para que ela fique perto dele e, juntos, os desarmam a ameaça pecaminosa de Genya e do seu amante, Luter, sozinhos no apartamento, fazendo David afirmar que não gosta de gelado! *"Debaixo da mesa, uma mão apertava-lhe suavemente a coxa. A mãe dele! O que é que ela queria? (...) Os dedos da mesma mão tocaram-lhe de leve nos joelhos. Ele tinha dito a coisa certa".* (p.44) David apercebe-se de que algo de estranho se passa aqui, mas não sabe exatamente o quê. No entanto, nessa altura, percebe que tem de assumir o papel do pai para proteger a mãe, e Genya serve-se alegremente de David para esse fim. O desejo lacaniano de ser um complemento da mãe foi ao extremo porque foi mal utilizado. Infelizmente, a nova tentativa de Genya de escapar à sua própria ligação pecaminosa com Luter força David a ter a sua primeira experiência com o pecado.

O primeiro pecado de David

Para evitar Luter, Genya e David sobem as escadas e vão ter com a amiga de escola de David, Yussie. David é enganado para "jogar mal" com a irmã mais velha de Yussie, Annie, num armário, que está cheio de *"Trevas, imensas e velhas"* (p.53). É evidente que ele não sabe o que está a fazer, mas sabe que algo terrível está prestes a acontecer. *"David sabia que tinha atravessado um limiar terrível".* (p.53), e sabe também que não há volta a dar, tudo mudou, mesmo que a mãe não consiga ver sinais visíveis disso. *"Mas ela não sabia, como ele sabia, como o mundo inteiro se podia partir em mil pedacinhos, todos a zumbir, todos a choramingar, sem que ninguém os ouvisse e ninguém os visse, exceto ele próprio. "* (p.55). Esta frase mostra também a separação entre ele e a mãe, devido à descoberta de uma sexualidade em crescimento. A distância foi estabelecida pela exigência de Luter em relação à atenção sexual da mãe e continuada pela exigência de Annie em relação à atenção sexual de David, e à medida que este toma consciência da sua própria sexualidade *"(...) uma nova sensação de timidez invadiu-o"* (p.86). Já não é uma criança inocente perto da mãe e, tal como a criança lacaniana, que quer regressar ao estádio inocente antes do estádio do Espelho, David tenta recuperar a sua inocência através da auto-purificação na neve. Tão negra como a cave assustadora e a sua sexualidade é branca como a neve do lado de fora da janela, que ironicamente cai na manhã seguinte à primeira experiência sexual de David no armário escuro. No entanto, David depressa se apercebe de que *"Sidewalk snow never stayed white"* (p.59), e esta constatação simboliza a nova e variada visão de David sobre a pureza e o pecado, bem como o início da desesperança que impregna o romance e o leva a questionar a sua própria religião e valores.[85] Tal como David, o leitor tem instintivamente a sensação de que agora não há volta a dar e que as coisas nunca mais serão as mesmas e tão simples como eram antes da descoberta do pecado. Quando não se conhece o pecado, não há nada a temer, porque não se pode ter medo de sair das soluções "corretas" para tudo, mas quando se experimenta o sabor do pecado, fica-se sempre a pensar se não se voltará a cair nele acidentalmente.

O motivo

Os dois temas relativos às oposições entre a adaptação dos pais ao novo país e o triângulo de Édipo criam o motivo global do romance. Este motivo é o facto de Albert sugerir que David é o seu "falso filho" e, por isso, incapaz de prosseguir a religião da sua família. O motivo é já sugerido no prólogo, quando Albert afirma que David é *"(...) a causa de todos estes problemas!* (p.15). Mas nem o leitor nem o próprio David sabem ainda qual é a causa do ódio de Albert. *"A voz áspera, o olhar furioso, a mão estendida para a criança assustavam-no. Sem saber a causa, ele sabia que a raiva do estranho era dirigida a ele próprio".* (p.15). À medida que David se vai apercebendo das suspeitas do pai, o leitor apercebe-se de que esta é a razão pela qual Albert não gosta de David com tanta veemência, e isso torna-se totalmente claro no final, quando Albert afirma que nunca acreditará que David é seu filho, e quando David perde a cruz de ouro no chão, Albert interpreta-a como sendo *"a própria mão de Deus! Um sinal! Uma testemunha! (...) Uma prova da minha palavra! A verdade! De outro! A de um goy!"* (p.402). Com esta afirmação, Albert força David a entrar no clímax da trama.

<hr>

85 Bonnie Lyons apoia particularmente a oposição entre a cave negra e a neve branca. Lyons, 1976, p. 42.

Capítulo 8. Os conflitos da família

O tropo

Como na maioria dos grandes romances, os temas e motivos de "Call It Sleep" são todos muito conflituosos. Para explicar o porquê disso, é necessário introduzir o tropo. O tropo é um determinado padrão caraterístico de um romance que já foi utilizado anteriormente por outros autores. O termo em si vem da categoria de linguagem figurativa que rompe com o significado ou a ordem das palavras para criar um significado ou efeito especial.

A linguagem figurativa pode ser dividida em duas classes principais:[86]

1. Figuras de pensamento / tropos

O seu significado literal transforma-se visivelmente noutra coisa.

2. Figuras de estilo / esquemas

Alteram a ordem ou o padrão sintático das palavras.

Não existe uma distinção nítida entre as duas classes, mas o tropo pertencente à categoria 1 é capaz de sugerir um significado diferente para as acções do que aquele que é dito literalmente no texto. Entre os teóricos do texto, defende-se que os tropos influenciam a forma como o leitor lê e interpreta um texto.[87] Isto significa que o tropo fará com que o leitor compare os conflitos que vê em "Call It Sleep" com outros conflitos semelhantes sobre os quais já leu, interpretando-os, por exemplo, como o complexo de Édipo. O historiador Hayden White considera que estes tropos são necessários para dar sentido à experiência. Como parte da estrutura básica da linguagem, o tropo torna possível produzir o mesmo significado em vários discursos. [88]

O conflito entre pai e filho

Como já foi referido, existe uma relação tensa entre David e Albert. Esta situação é estabelecida logo no prólogo. Quando Albert arranca o chapéu da cabeça de David, pode ser lido como um sinal de que está a tentar fazer com que o filho se adapte ao novo país. Na América, um homem tem de se adaptar ao mercado de trabalho para poder sustentar a família, e não é vantajoso ficar demasiado preso à cultura e aos hábitos do velho país, não sendo possível unir o espírito capitalista americano e o espírito cultural judaico. Albert sabe-o amargamente, pois viveu na América durante quase dois anos. Por boas razões, o jovem David não sabe nada sobre isso, e Genya também não sabe, porque acabou de chegar. *"Precisas de mais força nesta terra"* (p.13), diz Albert à sua mulher, como resultado amargo

---

[86] Abrams, 1999, pp. 96-97.
[87] Entre outros, Harold Bloom, que acredita que não existe um "poema-em-si". Abrams, 1999, p. 25.
[88] Culler, 1997, p. 72.

da sua incapacidade de mentir para poupar dinheiro - tudo no espírito capitalista que é desconhecido para uma mulher da Europa de Leste. O poder paterno tenta romper com o poder materno, que é reforçado pela aliança com a criança. No modelo lacaniano, isto significa que David e a sua mãe tratam o pai como o sujeito intruso, e Albert, sentindo-se naturalmente excluído, reage com raiva e tenta fisicamente livrar-se do passado que Genya e David partilham; atira o chapéu à água.

O fosso cultural é ainda mais acentuado quando Albert quer que David frequente um infantário e o acompanhe no seu trabalho de leiteiro. Trata-se de uma negociação entre o velho e o novo modo de vida e, por conseguinte, entre o velho e o novo modo de educar um filho. Albert quer que David *"(...) se torne pelo menos um pouco judeu também"*. (p.210), mas também insiste que David aprenda *"(...) como eu ganho o pão dele (...)"* (p.265), e afirma que *"Outro filho já estaria comigo há muito tempo (...)"* (p.266). Desta forma, Albert tenta ensinar ao filho tanto os valores espirituais judaicos como os valores capitalistas americanos, e assim David torna-se uma criança dividida, com um passado misto. Mas David é ainda demasiado jovem para ter noção de tudo o que não seja a parte da sociedade americana com que se depara no seu dia a dia, sobretudo quando se encontra com os seus amigos judeus do bairro, e mesmo aqui uma ligeira visão materialista vai-se insinuando. Os rapazes jogam pelos valiosos indicadores no cheder, e na rua querem fazer quase tudo para tirar o que acreditam ser um níquel de uma cave.

O conflito entre pai e filho está relacionado com o fosso cultural e o triângulo edipiano, mas também com a suspeita de Albert de que David é o seu "falso filho". Por essa razão, Albert desconfia de David em todas as ocasiões. Por exemplo, corrige David de uma forma muito dura: *"Say it in English, you fool!" (p.25), quando David é corrigido de forma muito dura: "Say it in English, you fool!* (p.25), quando o rapaz só quer agradar ao pai. A primeira cena de espancamento entre Albert e David revela a suspeita de Albert de que algo está errado, pois ele estava ansioso por bater no filho. *"Estou a abrigar um demónio! (...) O meu sangue avisa-me deste filho! (...) Mas vou bater-lhe enquanto posso."* (p.85) Além disso, depois de Albert ter batido muito mal num homem, culpa David como a causa. *"Falso filho! Tu, a causa!"* (p.282)

Como resultado do triângulo de Édipo, Albert e David competem pela atenção de Genya e, por conseguinte, pela sua complementação como sujeitos iguais, e Genya não parece ignorar esse facto ou não se importar com ele. *"Agora posso alimentar os meus dois homens", ri-se ela. "É um prazer raro!"* (p.333) Além disso, parece que ela sabe que o que não pode obter de um "homem" pode obter do outro. Albert é forte e capaz de ser o seu ganha-pão. Naturalmente, David não pode fazer isso, mas em vez disso é capaz de lhe mostrar sentimentos que Albert nunca mostraria, e pode protegê-la contra a sua própria maneira pecaminosa de ser quando Albert não está presente. Desta forma, David acaba por assumir o papel protetor do pai em relação a Luter. Ao mesmo tempo, David não sabe se o pai sabe de Luter ou se se importa *"(...) ela não tinha contado ao pai; ou tinha; ou ele não se importava."* (p.116) e isso confunde-o, porque ele, enquanto criança, não é capaz de compreender a relação entre os três adultos. No entanto, sabe que algo de estranho se está a passar e que tem de fazer algo que o pai não é capaz de fazer. Isso é evidente quando David vê o pai despido até à cintura e o compara com ele próprio. *"Não, ele nunca seria tão forte e, no entanto, tinha de o ser, tinha de o ser. Não sabia porquê, mas tinha de ser!"* (p.177). Mais uma vez, sentimos a sexualidade de David a desenvolver-se lentamente, porque ele está agora consciente do seu próprio corpo e das suas funções físicas. Pode ser forte e protetor, mas também admirável para as mulheres. David ainda não tem consciência desta última, mas sente um desejo crescente de complementação, não só através do ato da fala, mas também através da linguagem corporal.

A ligação entre mãe e filho

A ligação entre mãe e filho é claramente um resultado do complexo de Édipo. David quer estar sempre perto da mãe e, como passa muito tempo com ela, descobre a sua sexualidade. Este facto é já indicado na primeira descrição que David faz dela e na forma como Genya desafia o filho a beijá-la: *"A quem vais refrescar com os lábios gelados que a água te emprestou?"* (p.18). Mais tarde, quando David tem a sua primeira experiência pecaminosa, apercebe-se ainda mais da sua mãe como a mulher que ela é verdadeiramente. *"Depois pôs-se de quatro e começou a esfregar o chão. Com os joelhos levantados, David observou-a a limpar o linóleo por baixo da sua cadeira. A sombra entre os seus seios, como era profunda! Quão longe - Não! Não!"* (p.64) Nesta fase, David apercebe-se de que o que está a fazer é terrivelmente pecaminoso e tem de parar. Com este sentimento da sua mãe, tem também o sentimento de que ela lhe pertence. É por isso que fica ciumento e zangado quando os outros rapazes a espiam enquanto ela está nua. *"Ela! Minha! Aaa, minha!"* (p.294), e ao mesmo tempo despreza-se por não ter sido capaz de defender a honra da mãe. *"Devia tô los pontapeado, pontapeado e fugido. Voltar para trás! Dar-lhes um pontapé! Dá-lhes um pontapé na barriga. Vá lá, seu cobarde! Cobarde! Cobarde! Cobarde! Odeiem-nos! Todos! Todos! Toda a gente!"* (p.295). Aqui, David torna-se mais consciente da complementação através da linguagem corporal acima referida, mas é claro que não pode aceitar que os outros rapazes participem nesta complementação e reduzam a sua mãe a um objeto para o qual olhar. Para David, ela será sempre um objeto.

O Movimento

Quando a família se muda de Brownsville para o Lower East Side, tudo parece muito tumultuoso para David.[89] Por outro lado, a mudança torna-se também o início de uma nova vida para ele. Em primeiro lugar, ele começa a ter relações mais próximas com os outros rapazes do bairro. Estas

---

[89] Ver a citação na página 12.

amizades são irónicas, porque os rapazes conheceram-se todos no cheder, que era suposto torná-los mais judeus. Mas o que acontece na realidade é que eles agem cada vez mais como americanos, porque se influenciam mutuamente com jogos para jogar, pipocas para comer e histórias para contar. Por outras palavras, David, tal como os outros rapazes, afasta-se cada vez mais da sua casa e dos seus pais e aproxima-se da rua e dos rapazes que brincam na mesma. Este facto é particularmente evidente no "fluxo de consciência" de David, que lentamente passa do iídiche para o inglês.[90] Além disso, a tia Bertha chega e traz para a família uma nova forma de ver o judaísmo e a América. Como já foi dito, ela é provavelmente a judia mais derrotada da família, mas ainda assim quer aproveitar ao máximo o que a América lhe pode oferecer.

À medida que estes factores desempenham um papel cada vez mais importante na vida de David, este afasta-se cada vez mais dos pais e da forma como estes o governam - tanto com medo como com amor. A certa altura, chega ao ponto de iniciar uma amizade íntima com o rapaz cristão, Leo. Tudo isto indica certamente que David se vai libertar, mas não o consegue fazer de um dia para o outro. Uma vez que está de regresso ao conflituoso mas seguro triângulo de Édipo, Genya diz a David que *"(...) tens agido ultimamente quase como em Brownsville, quando te agarraste ao meu lado como se fosses um piche"*. (p.330). Ele ainda não se sente preparado para crescer e libertar-se, mas em breve terá de o fazer.

---

[90] Esta mudança de linguagem é mais evidente a partir de "The Coal".

Capítulo 9. As quatro partes

No capítulo seguinte, o desenvolvimento cronológico da mente de David será visto em relação às acções relevantes das quatro partes do romance.

A adega

Nesta parte do romance, David é o centro da consciência e o leitor é lentamente conduzido aos seus pensamentos. O leitor apercebe-se rapidamente de que David é uma criança assustada e incapaz de agir de forma independente. Não pode descer as escadas para passar pela cave sem que a mãe fique atrás a olhar por ele e está dependente do apito para poder voltar a subir. Isto significa que ele tem de confiar muito no que o rodeia. Isto é bastante normal para uma criança de seis anos, mas o facto de Roth deixar o leitor experimentar essa confiança com David durante o "fluxo de consciência" faz com que pareça ainda mais próximo da experiência pessoal de infância do leitor. *"Faz um barulho. Barulho. Ele avançou. O quê? Barulho. Qualquer um. "Aaaaah! Ooooh!", disse ele, "O meu país é dee!" Ele começou a correr. A porta da cave. Mais alto. "Doce terra da liberdade", gritou ele, e rodopiou em direção às escadas."* (p.62). Nesta passagem bastante ruidosa, David tenta escapar ao seu medo da porta da cave - e do que se pode esconder atrás dela - cantando para subir as escadas. Ironicamente, canta uma canção patriótica americana para o proteger do medo trémulo que se segue ao tema desconhecido do perigo, como se fosse um símbolo de confiança no novo país da esperança, capaz de o salvar de qualquer medo possível.

À medida que a ação do capítulo avança, David tem de se tornar mais independente. Ao longo do capítulo, sofre várias quebras de confiança, e a maior quebra ocorre quando vê Luter a caminho da mãe. Agora sabe que nem sequer pode confiar nela e, na sua frustração, magoa acidentalmente o seu companheiro de brincadeiras e tem de fugir para o único sítio onde tem a certeza de que ninguém o vai procurar - a cave! Esta superação do seu medo da cave amadurece David de uma forma que lhe dá a força para partir sozinho para um mundo novo e desconhecido, e quando mais tarde se vê preso na esquadra da polícia, há um exemplo claro da fase do Espelho. *"Sejam dois Davids, sejam dois! Um aqui, outro lá fora no passeio."* (p.104). Este desejo vem naturalmente de uma parte de David que não quer que a mãe saiba que ele está perdido numa esquadra da polícia, mas outra parte de David também está consciente de que já não pode estar sempre sujeito a ela. Perdeu a atenção da mãe para um sujeito inesperado, Luter, e, na sequência desse acidente, descobriu que, por vezes, será olhado como um objeto, e é isso que o afasta do seu "Eu".

Esta alienação cria o início da desconfiança de David em relação à fé. No entanto, ele ainda não chega a questionar a sua religião, mas descobriu que já não se pode confiar nas palavras. *"O tempo era desespero, desespero para além das lágrimas... Compreendia-o agora, compreendia-o todo, irrevogavelmente, indelevelmente. (...) Não confiar em nada. Não confie em nada. Não confie em nada. Para onde quer que olhes, nunca acredites. Seja o que for que foi, fez ou disse, fingiu. Nunca acredites."* (p.102). Estas quebras de confiança que David descobriu demasiadas vezes tornam o tom do capítulo sobretudo negativo. Completado com a sensação de escuridão assustadora do capítulo, parece natural que David conclua que *"Tudo pertencia ao mesmo escuro"* (p.70), e esta escuridão acaba por ser o tema do capítulo.

A imagem

Em "The Cellar", a atenção centra-se em David e na sua relação com a mãe. Em "The Picture", o foco é desviado de David principalmente por dois factores: a chegada da tia Bertha e o aumento do foco no passado, na Áustria, antes do nascimento de David. Isto cria um tom muito mais nostálgico e positivo do que a voz receosa de David, criada no primeiro capítulo do romance, e dá ao leitor a oportunidade de conhecer o ambiente que rodeia David com alguma distância do próprio protagonista. Durante o capítulo, David torna-se ainda mais independente, começando com a mudança para o Lower East Side e terminando com a revelação do segredo da mãe. *"Fácil, pensou ele com uma satisfação nebulosa. É fácil enganá-los. Mas eles não o enganaram. Também não o assustaram. Não mudaram..."* (p.207). Isto mostra um David muito mais independente, que se considera superior às duas mulheres.

Como sugere a vitória interior de David sobre as mulheres, o capítulo é marcado por uma luta inveterada entre os poderes masculino e feminino. A proximidade de David com a sua mãe faz com que Albert lute pela sua força masculina para ter a posição principal na família. A marca mais forte deste facto é o facto de Albert exigir que o quadro mostre *"Algo vivo"* (p.190), o que significa que quer que o poder masculino dos animais cubra o poder feminino do campo verde. Além disso, afirma: *"Sou capaz de ser um melhor juiz".* (p.190) O velho não abdicará da sua posição dominante na família sem ripostar.

Esta afirmação de poder conduz aos dois maiores símbolos de força do romance. O primeiro é o quadro que simboliza a força feminina de Genya, e o outro são os cornos de um touro que simbolizam a força masculina de Albert. O quadro recorda a Genya o maior caso de amor da sua vida, o que a deixa feliz e triste ao mesmo tempo. Genya encontra a sua força nostálgica no quadro e David apercebe-se disso: *"Ela riu-se quando o pendurou".* (p.188). Este ato misterioso não sai da cabeça de David, e ele só descobre a razão quando fica a saber do caso da mãe na Áustria. Na mesma ocasião, ouve Genya contar que viu o amante e o noivo passarem de carro, enquanto ela estava no mesmo campo onde tinha conhecido o amante. Ela diz: *"Eles passaram. Senti-me vazia como um sino até olhar para as flores de milho azuis a meus pés. Elas animaram-me. Acho que foi a última vez que o vi".* (p.203) A felicidade e a tristeza associadas ao quadro tornam-se então claras, tanto para David como para o leitor.

Albert tem a sua força nos cornos de um touro. Estes não aparecem em "The Picture", mas estão intimamente ligados ao quadro como a sua contrapartida masculina. Simbolizam o seu passado e o touro monstruoso como *" (...) paredes de carne e força".* (p.298), e ao ver este símbolo Albert tem mais do que razões nostálgicas para comprar os cornos. David *"(...) não podia acreditar que o seu pai tivesse comprado este troféu apenas para recordar."* (p.299). O facto de o ter comprado ao mesmo tempo que o chicote confirma que Albert luta para recuperar a sua forte masculinidade, ferida fisicamente na tipografia e mentalmente pela atenção da mulher que se dirige a outro homem e, mais tarde, ao filho. O facto de ser cornudo enfraquece a sua masculinidade e, embora não seja claro se ele sabe ou não do caso de Genya com Luter, deve sentir que a atenção da mulher não é para ele - e culpa David. Mas, tal como Genya, Albert tem uma relação ambivalente com o seu troféu, devido à culpa que sente pelo cruel acidente com um touro que causou a morte do seu pai.

O Carvão

Neste capítulo, David volta a estar em foco. É o capítulo em que a recém-descoberta maturidade independente de David é testada. Torna-se um aluno brilhante no cheder, ou uma *"(...) verdadeira criança iídiche"* (p.365), como afirma o rabino. Ironicamente, isto acontece ao mesmo tempo que ele testa constantemente a sua religião. David aprendeu que Deus está em todo o lado e vê tudo, mas continua a interrogar-se sobre as capacidades de Deus. *"Como é que Ele pode ver em todas as trevas, se Ele é luz (...) Como é que Ele pode ver na verdadeira escuridão e nós não O conseguimos ver."* (p.240). David chegou a um ponto do seu desenvolvimento em que sente que precisa de procurar a sua religião, e o seu teste à religião pode ser lido como a forma de David procurar. Depois de ter experimentado as quebras de confiança e de ter conhecido o passado pecaminoso da mãe, a fé em si mesma já não é suficiente, e é por isso que o texto sobre a purificação de Isaias com carvão a tocar-lhe nos lábios tem um efeito tão forte sobre ele. Ele quer encontrar esse carvão mágico porque o objeto físico pode trazer a prova de força religiosa de que necessita antes de poder acreditar plenamente no judaísmo. O carvão torna-se o símbolo da fé de David e este está convencido de que, se o encontrar, todos os seus problemas de dúvida na fé terminarão, porque será purificado como Isaías. *"(...) onde é que se pode arranjar carvão de anjo? (...) Onde será a cave de Deus?* (p.231). David sabe que o carvão é negro e sujo, como a má cave que conhece da sua experiência anterior, mas ao mesmo tempo é a chave da pureza. Isso confunde David, e o facto de ter conotações positivas e negativas pressiona David de todos os lados. Ele tem de confiar na sua própria maturidade e discernimento. Já não basta confiar e copiar o que aprendeu no cheder e com os pais.

Durante a Páscoa[91] tem pensamentos pecaminosos, mas tenta justificá-los: *"Caramba, como as penas cheiram mal! Não, não cheiram! É sagrado e Ele está a olhar. As penas não cheiram mal! Não!"* (p.246), e relativamente ao seu santo recém-descoberto, Isaías: *"Ele dizia palavrões, aposto. Merda, xixi, porra - Pára! Tu é que estás a dizer. É pecado outra vez! Por isso é que ele - Epá! Eu não estava a falar a sério."* (p.231), e quando ele acende o gás para uma velha senhora: *"(...) não era bruxa - era só uma velha da rua 9, mais nada. Mas, mesmo assim, uma tristeza inexplicável engrossou a alegria que ele deveria ter sentido ao receber mais um cêntimo. Mesmo que não tivesse sido transformado em pão de gengibre, algo lhe pesou no coração. Porquê? Um pecado, talvez? Sim, aposto que foi por isso. Mas demasiado jovem, disse ela. Não. Aposto que ninguém era demasiado novo".* (p.238). Estas tentativas de justificação são o teste de David à sua religião. Até onde é que ele pode ir antes de acontecer alguma coisa? Além disso, este teste é também a tentativa de David de entrar em contacto com Deus. Se Deus o castigar, pelo menos ele saberá que existe para Deus. Em termos lacanianos, isto significa que David será o complemento de Deus. Ao longo da sua provação, David apercebe-se de que o seu primeiro pecado o tornou tão consciente do próprio pecado que não há como voltar atrás no caminho do pecado. O pecado pode ser justificado para si próprio, desde que não se seja apanhado no seu pecado. O pior pecado é sempre aquele que é revelado, porque é óbvio que David não teme os actos físicos do pecado, tem mais medo que Deus o veja e o castigue. Se Deus está em todo o lado, deve estar também onde o pecado está, e se Deus é luz, então o carvão mágico deve ser encontrado na luz. Deslumbrado com os seus pensamentos, David observa o reflexo do sol na água e cai num transe religioso em que conclui: *"O pecado fundiu-se na luz".* (p. 248), mas antes que possa ir mais longe, é abruptamente acordado do seu transe por um homem que passa num rebocador e é incapaz de compreender o que acabou de viver. *"Era como se ele tivesse visto aquilo num outro mundo, um mundo que, uma vez deixado, não poderia ser relembrado."* (p. 248). Apesar desta experiência religiosa, David fica ainda mais alienado da sua religião, porque esta é demasiado intangível para que ele a possa chamar de volta sempre que quiser. Mas continua a saber que o poder de Deus está na luz, e é por isso que acredita erradamente ter visto e sentido o poder de Deus no carril: *"Como uma pata rasgando todas as fibras estáveis da terra, o poder, gigantesco, sem grilhões, bateu no dia! E a luz, solta, uma luz terrível, berrou de lábios de ferro".* (p.253) quando é obrigado a empurrar uma espada de metal contra o carril por três rapazes gentios.

Outro sinal da alienação religiosa de David é a sua negação da fé quando é confrontado com os rapazes gentios. Ficamos a saber que *"(...) algo o avisou"* (p.249) respondendo honestamente às perguntas dos rapazes sobre o facto de ser judeu. Neste ponto, a sua alienação do judaísmo é clara,

---

[91] A Páscoa é a festa religiosa judaica e o feriado em memória da fuga dos judeus do Egito, Oxford Advanced Learners, 2000.

porque não é capaz de se erguer e proteger a sua fé, o que só seria possível se fosse um verdadeiro crente. Por outras palavras, age como um jovem antissemita,[92] e, à medida que o enredo avança, a situação agrava-se. David fica ainda mais convencido de que é o falso filho, o filho de um gentio.

O Carril

A velha luta geracional entre culturas e a tensão edipiana regressam com toda a força no último capítulo do romance. Albert acaba de recuperar o seu poder como chefe paternal da família através da compra dos cornos de um touro e obriga David a segui-lo no seu trabalho de leiteiro. Depois de ter visto o pai chicotear um homem quase até à morte, os velhos medos de David regressam. *"Todos os velhos medos espreitavam ali de novo."* (p.286) Mas David não desiste tão facilmente. Recusa-se a voltar à fase repressiva da cave e procura o oposto físico: o telhado do prédio.[93] Nesse local, encontra o que acaba por ser o seu oposto religioso. Leo é claramente antissemita: *"Os judeus são os assassinos de Chris".* (p.323) e *"Dat's Christchin light - it's way bigger.*

Maior luz de judeu". (p.322). No entanto, David quer ser amigo de Leo de uma forma quase desesperada. *"E tinha gostado tanto de Leo, mesmo que ele fosse um goy, tinha gostado mais dele do que de qualquer outra pessoa em todo o quarteirão."* (p.307). Isto faz com que a amizade com Leo seja a revolta de David contra os pais e a fé que eles representam. Para além disso, a figura de Leo pode ser lida como um símbolo de T.S. Eliot. O poeta era antissemita, mas ainda assim fascinava os escritores judeus, que muitas vezes tinham um passado nos cortiços, porque representava uma forma de ver o mundo moderno fragmentado com que muitos judeus se podiam identificar.[94] Da mesma forma, Leo dá uma quantidade de novos impulsos a David, que se sente fragmentado porque está numa fase do seu processo de amadurecimento e de afastamento dos pais. Ao testar a religião e continuar a procurar o carvão mágico, David tornou-se tão maduro e autoconfiante que se sente pronto a desafiar os pais na sua busca contínua do carvão mágico.

Mas David ainda não está pronto para se libertar completamente dos seus pais. Isso torna-se claro quando Leo sugere um encontro com os primos adoptivos de David no dia seguinte. David hesita: *"Sem palavras, sem imagens, sentiu de novo o passado e o futuro a convergirem para o dia seguinte".* (p.328). Este sentimento mostra o regresso dos antigos medos de David. A esperança de encontrar o carvão é ofuscada pelo passado pecaminoso. O medo que David tem da cave está ligado às memórias que Genya tem do quadro, porque ambos têm a ver com experiências sexuais pecaminosas, e David sabe por instinto que a sugestão de Leo é mais um passo na direção pecaminosa que ele esperava que pertencesse ao passado. Quando o passo proibido é efetivamente dado, David tenta culpar a mãe para

---

[92] Esta interpretação é também apoiada por Thomas J. Ferraro. Ferraro, 1993, p. 108.
[93] Esta interpretação é também apoiada por Bonnie Lyons. Lyons, 1976, p. 50.
[94] Klingenstein, 1998, p. 56.

salvar a sua própria alma. *"A culpa é dela. Dela. Não é minha. (...) Ela falou dele. Não disse? Ela disse-o à tia Bertha. A culpa foi dela. Se ela gostava de um goy, eu também gostava. Pronto! Ela obrigou-me. Como é que eu sabia?"* (p.385). Mas é dolorosamente verdade que tanto David como a sua mãe foram demasiado ingénuos para lutar contra a tentação cristã que encontraram. Para evitar dar este passo contra o pecado, tenta fugir para a antiga ligação edipiana com a mãe, mas isso já não é possível. Mais cedo ou mais tarde, terá de se confrontar novamente com Leo.

Durante o seu processo de maturação, David assumiu o papel protetor do pai contra a mente pecaminosa da mãe, mas quando chega ao ponto em que tem de se libertar do triângulo edipiano, comete o mesmo pecado sexual que a mãe cometeu no passado. É verdade que Esther e Leo cometem o pecado na cave, mas não o teriam conseguido fazer sem a ajuda de David. Nessa altura, David apercebe-se de que é tão pecador como todos os outros, e a suspeita de longa data de Albert de que não é o verdadeiro pai de David instalou-se na mente de David a ponto de este já não conseguir distinguir entre realidade e fantasia. A história das suas relações familiares que conta ao rabino torna-se a última ferramenta de David para romper com o complexo de Édipo e as tensões culturais do passado. Se ele é o filho falso, nem o complexo de Édipo nem o judaísmo o podem manter preso aos limites da família. Ele é livre, e o pai já não tem o direito de o controlar. Isso explica o estado de êxtase de David após a sua falsa confissão ao rabino. Ele sabe que fez algo de errado, mas não está arrependido porque tem a sensação de que existe um outro "Eu" que pode culpar pelo seu erro. *"Olha para mim! Não, não! Eu não! Ele! Ele - eu! Eu - ele. (...) Foi ele! Eu não!"* (pp. 371-372). Esta cisão na sua personalidade é um sentimento que também ocorre em ligação com o estádio do Espelho, no qual a criança passa do estádio de sujeito puro para a consciência de um estádio de objeto. David faz aqui um mau uso deste sentimento porque tenta culpar o objeto pelo erro do sujeito e, por isso, perde a sua autoimagem.[95] Este facto é claramente visível quando David tenta encontrar a sua própria imagem nas montras das lojas, sem conseguir ver a sua imagem completa. *"Só o seu próprio rosto o encontrava, um oval pálido, e olhos escuros, cheios de medo, que deslizavam ao longo das montras das lojas, passando de vidro em vidro, (...) Nas montras como eu vou. Posso ver e não sou. Posso ver e não sou. (...) Não há ninguém. Nenhum lugar. Então fica aqui. Ser ninguém. Sempre. Ninguém veria. Ninguém saberia"* (pp. 378-379). Ao mesmo tempo, David sabe que a pior coisa que pode fazer ao pai é confirmar a sua pior suspeita e, dessa forma, a sua mentira torna-se uma vingança para com o pai. Assim, a luta familiar no apartamento torna-se um triunfo para David, que se vinga do domínio do pai. Mas, ao mesmo tempo, sabe que cometeu um pecado ao trair as suas próprias raízes e dá o chicote ao pai, acreditando que merece ser chicoteado. Trata-se de um ato simbólico de confissão, que David é capaz de realizar porque acredita que ganhou a liberdade de ser o filho falso, mas Albert

---

[95] Sollors, 1996, p. 137. (NE).

toma-o como um sinal de culpa em relação ao pecado sexual que é efetivamente cometido, porque ele continua a ser a pessoa insegura que tem sido ao longo de todo o romance. Ao contrário do filho, não consegue libertar-se das amarras do passado, o que o leva a querer destruir o filho com uma raiva ciumenta. David tem de usar aqui toda a sua nova perceção e maturidade, pois é inevitavelmente conduzido ao clímax.

O capítulo do clímax e o desfecho

O clímax do romance ocorre no capítulo 21, em "The Rail". A forma deste capítulo revela claramente a inspiração de Roth em T.S. Eliot e James Joyce. Aqui, o leitor experimenta uma mistura entre o "fluxo de consciência" de David e as vozes exteriores das pessoas nas ruas de Nova Iorque, representadas principalmente por um vigilante comum e pelos trabalhadores da classe baixa no caminho de ferro e os que se sentam com prostitutas num pub.[96]

As circunstâncias que conduzem ao clímax começam quando David foge da família no apartamento. Incapaz de obter o perdão do pai após a confissão, David precisa mais do que nunca da luz de Deus e, como se fosse impelido por palavras *"(...) no longer his own"* (p.409), está completamente concentrado em repetir o esforço que o fez ver a luz de Deus da última vez: empurrar o metal para os carris do carro. Este ato deixa-o inconsciente, e o clímax pode começar.

No seu estado de inconsciência, David regressa à sua experiência religiosa junto à água. Tem uma visão do homem no rebocador que o trouxe de volta à realidade quando estava em transe, mas desta vez ele age como o ajudante de David para chegar a Deus. *"Ele sorria e assobiava e a cada nota pássaros amarelos voavam para o telhado"*. (p.425). Os pássaros estão simbolicamente ligados a Deus, uma vez que são arquetípicamente interpretados como as criaturas físicas mais próximas do céu e, por isso, capazes de indicar o caminho para Deus.[97] Mas antes de David poder seguir os pássaros, o seu pai aparece na visão com um martelo. *"Um martelo! Ele rosnou, brandiu-o, estalou como um chicote. Os pássaros desapareceram. O horror adensou o ar"*. (p.426). Aterrorizado, David tenta fugir do pai, mas em vez disso tem visões de caixões e confetis, o que simboliza que a velha escuridão do passado está de volta e que, enquanto o medo controlar David, o carvão não funciona. *"David tocou nos lábios. A fuligem saiu-lhe da mão. Impuro."* (p.426). Ele tem de acreditar antes que a magia da fé possa funcionar, e é por isso que não é purificado como Isaías, mas descobre o efeito negro negativo do carvão. Na sua visão, David vê espelhos que podem ser lidos como um símbolo da fase de espelho da primeira infância em que David está preso, o que significa que será sempre considerado como objeto e nunca ganhará o estatuto de sujeito enquanto deixar que o pai o domine.

---

[96] Esta selva de vozes urbanas tem grande semelhança com as do famoso poema de T.S. Eliot "The Wasteland" (1921).

[97] Bonnie Lyons também sugere que os pássaros são amarelos porque estão ligados à experiência de David com a luz do sol reflectida na água. Lyons, 1976, p. 108.

Em vez de ver a imagem de si próprio como um objeto no espelho, David vê a parede do jardim-escola. Nesta altura, torna-se claro que David tem de se libertar do domínio do pai, se não quiser tornar-se a parede do cheder, ou seja, privado para sempre de qualquer pensamento ou ação independentes, mas julgado a depender dos limites da família religiosa por detrás da parede. É por isso que ele deve travar a luta final contra o pai, que tenta constantemente forçá-lo na direção oposta à da luz, para as trevas. *"Desce! A voz do pai trovejava"* (p.428). Enquanto se desenrola esta batalha inconsciente, os habitantes da cidade reúnem-se como um cadinho samaritano que atravessa todas as fronteiras culturais para fazer regressar David à vida. Os seus problemas pessoais e anseios nacionais deixaram de ter importância; só querem ajudar o rapaz da rua. Este é um símbolo da mentalidade americana ideal, que consiste em ajudar os mais fracos enquanto os fortes se unem. Como a sua boa vontade integrada funde-os, David é bem sucedido. *"O silêncio fez soar aquela voz terrível nas alturas, acalmou o martelo giratório. O horror e a noite desvaneceram-se"* (p. 430-431). Nessa altura, David recupera a consciência e silenciou para sempre o martelo ameaçador do pai, derrotando a cave escura com todos os seus medos reprimidos.[98] O que ele tinha lutado para fazer durante tanto tempo ao longo do seu desenvolvimento pessoal, as pessoas da cidade ajudaram-no a concretizar no final. Na sua inconsciência, o leitor tem a sensação de que a voz de David se mistura com as vozes dos cidadãos, e David aprende que o indivíduo tem de ter vontade de romper com os seus limites pessoais, mas que, para o conseguir fazer, precisa da força de uma unidade de apoio. Quando acorda, David cumpriu a sua responsabilidade de artista de participar na criação da cultura americana, juntando-se à voz da América na democracia cultural e no pluralismo.[99] Está agora verdadeiramente integrado em Nova Iorque como cidadão judeu-americano, independentemente do seu passado judaico.

Durante o seu estado de inconsciência, é evidente que David passa por um outro desenvolvimento. Seguindo o movimento narrativo clássico com clímax e desenlace, é evidente que o protagonista do romance tem de passar por certas fases para chegar à sua iniciação final. Durante as suas visões, David vive as três grandes fases da iniciação: tortura, morte ritual e ressurreição.[100] A tortura ocorre no encontro aterrador com o pai e, depois disso, David morre ritualmente quando é forçado a entrar na escuridão inconsciente, mas ganha a ressurreição quando derrota a imagem do pai e faz parar o martelo. Ao mesmo tempo, a inconsciência tem a função clara de uma morte simbólica, da qual David desperta para começar uma nova vida como um sujeito em controlo, em que o passado tem uma função repetitiva como parte da sua história.

Quando David regressa à sua família após o acidente, o ambiente em casa altera-se completamente.

---

[98] Sam Girgus considera que a cave simboliza o medo reprimido. Girgus, 1984, p. 104.
[99] Esta interpretação é também apoiada por Sam Girgus. Girgus, 1984, p. 105.
[100] Os termos são utilizados por Bonnie Lyons. Lyons, 1976, p. 107.

Ao entrar no apartamento, David sente *"(...) uma onda estridente e selvagem de triunfo a chicotear dentro de si, triunfo que o seu pai mantinha de boca aberta, com as garras nos dedos, curvado, (...) "* (p.434). Tanto David como o seu pai sabem que o antigo domínio desapareceu e, presumivelmente, a paz é restaurada porque Albert aceita finalmente David como seu filho. *"Sim (...) Minha serra. Meu. Sim. Oito anos. Oito eri - eri vun mawnt."* (p.437) O facto de Albert admitir agora que sabe a idade exacta de David põe fim à discussão sobre se ele é filho de um gentio. Ele é filho de Alberto e já não há qualquer conflito entre pai e filho na família.

Por outro lado, é menos claro se David consegue libertar-se da sua ligação de Édipo à mãe. Durante um curto período, depois da mudança para o Lower East Side, conseguiu, porque a mãe foi relegada para segundo plano nas novas experiências de David com a rua e com Leo, mas quando regressa ao quarto e ao conforto da mãe, a situação não é assim tão segura. Albert parece sentir isso, e até aceitar, porque insiste em ir buscar o medicamento para David em vez de enviar Genya. Desta forma, Albert deixa mãe e filho reunidos e dá-lhes espaço para celebrar. No final do romance, a questão que se coloca é se David terá força para quebrar novamente esta ligação ou se o quer fazer. Além disso, o termo freudiano "Édipo" significa "pé inchado",[101] e o facto de o pé de David estar inchado após o acidente torna improvável que ele consiga libertar-se do complexo de Édipo.

No final do romance, é evidente que David se sente triunfante por ter vencido a luta contra o pai. Esta vitória é uma rutura com os laços intoleráveis do passado que o pai representou ao longo do romance. Presumivelmente, David já não está dividido entre os dois mundos, o do país novo e o do país velho, porque lidou com o passado, derrotou-o e está agora pronto para começar uma nova vida como cidadão judeu-americano. Tudo isto parece ser positivo, mas o reverso da medalha é que, quando se ganha algo de novo, destrói-se outra coisa. No último parágrafo do romance, o leitor testemunha que David repete a cena do carril para o seu olho interior, mas desta vez sente *"não dor, não terror, mas o mais estranho triunfo, a mais estranha aquiescência".* (p.441). Isto indica que, ao ser integrado na sociedade americana sem dor nem terror, também tem de mostrar aquiescência, desistindo do seu passado como parte de si próprio; exatamente o que David e muitas outras crianças judias tiveram de fazer. Neste último parágrafo, Roth questiona se o sacrifício do passado de David valeu a pena. Se não é capaz de sentir dor e terror, mais vale chamar-lhe sono. David renasce, mas o seu ponto de vista já não é restrito: *"Só no sono é que se conhece a si próprio (...)"* (p.441).[102] A utilização de "um" como pronome pessoal desloca a experiência pessoal de David para uma experiência geral que pode ser recontada. Desta forma, David tornou-se o artista capaz de contar a sua história, mas o mundo exterior à família de David não mudou. Mesmo que seja um artista, terá de confirmar o seu "direito

---

[101] Rudnytsky, 1991, p. 20.
[102] O sublinhado é meu.

a existir" como judeu.[103] Esta sensação de desespero está presente no próprio título "Call It Sleep".

Será que alguém se importa com o que David passou ou, se alguém se importar, será que isso vai realmente mudar alguma coisa no mundo fora do próprio meio do protagonista? Roth parece duvidar, porque *"mais vale chamar-lhe sono"*. (p.441). Mas, como Roth também afirmou anos mais tarde, *"a sensação de triunfo que ele sente no final foi o facto de ter feito a tentativa, apesar de ser um fracasso".*[104] Por um breve momento, David teve a sensação de mudar algo fundamentalmente no seu mundo, porque morreu a morte simbólica e recuperou a sensação de controlo, e essa é a razão pela qual ainda há esperança. Mesmo que o mundo continue a ser cruel e que ele esteja preso de novo no complexo de Édipo, David encontra uma saída para contar a sua história como o artista em que se tornou, o que significa que pode muito bem chamar-lhe sono, mas nunca irá para "o sono eterno", porque a sua arte viverá muito depois da sua morte física.

---

[103] O escritor judeu-americano Alfred Kazin afirma na sua autobiografia "A Walker in the City" que *"ser judeu significava que o próprio direito à existência estava sempre a ser posto em causa"*. Kazin, 1951, p. 99.
[104] Da entrevista com Roth. Lyons, 1976, p. 171.

Capítulo 10. Conclusão da parte

O romance está impregnado de dúvidas religiosas. Nesta perspetiva, é urgente perguntar até que ponto os Schearls são realmente judeus fiéis. Genya não é claramente observante, mas Albert tenta sê-lo, porque manda o filho para o cheder. No entanto, também não é muito observador porque tem de passar a maior parte do tempo a ganhar o seu pão e mostra a David como o fazer. No judaísmo ortodoxo, este não é o ideal masculino, porque demasiado trabalho manual retira tempo ao estudo das escrituras sagradas. O cheder deveria ensinar a David a fé correta, mas o ambiente que o rodeia leva-o constantemente noutra direção e os seus pais são hipócritas, traindo a sua própria religião, tanto no passado como no presente. É por isso que ele nunca consegue encontrar a sua própria fé no judaísmo. Assim sendo, não é de admirar que David esteja preso num conflito cultural.

O final do romance é uma vitória pessoal positiva para o protagonista na sua própria esfera, mas um fracasso negativo no mundo circundante, porque nada mudou fora da casa de David. Ele consegue encontrar a sua própria fé, mas não é o judaísmo ortodoxo que encontra. É antes uma identidade judaico-americana, que lhe permite revelar-se como um artista pronto a contar a sua história. A narração pessoal é transferida para uma experiência mais geral no último parágrafo, o que significa que Roth assume a narração de David, e assim Roth regressa a David como sendo o seu herói autobiográfico.

Genya aproximou David demasiado dela, num papel adulto de protetor e "homem" com alma, ao mesmo tempo que Albert tentou afastar David dele como "o falso filho". Neste conflito, David apercebe-se de que tem de agir de forma independente para se libertar e, depois de várias quebras de confiança no meio envolvente, isso conduz ao seu desenvolvimento mental no final.

No seu desenvolvimento, David deve agir de forma independente para encontrar a sua própria identidade no mundo em que está dividido. As quatro partes do romance simbolizam as etapas deste desenvolvimento. David passa de uma escuridão assustadora, na qual perde a inocência, para a revelação do passado. Após esta revelação, utiliza a sua nova maturidade para empreender uma investigação sobre a sua religião. Aí encontra a solução no carvão, mas, incapaz de a compreender, procura a luz física de Deus e acaba por ultrapassar o passado dominante, agindo de forma independente. Renasce entre os cidadãos nova-iorquinos, porque agora é um deles, como indivíduo que deu uma parte de si à unidade. Quebrou as fronteiras geracionais e culturais do seu passado, mas o mundo não mudou - ele apenas se tinha adaptado a ele. Enfrentou o seu passado e agora tem de o deixar para se integrar no seu futuro.

Esta é uma solução difícil para um rapaz de oito anos, e ele não é totalmente bem sucedido porque parece ainda estar ligado à mãe no complexo de Édipo. Isto pode ser lido como a forma de David lutar contra a integração total. Tal como a maioria dos imigrantes, ele não está disposto a abdicar de toda a sua identidade passada, e se conseguir trazer pelo menos uma parte dela para o seu novo mundo mental, ficará feliz. Mas a questão é saber se este último laço do passado acabará por ser um fardo no final da sua luta para sobreviver no novo ambiente físico e mental.

A função retórica do texto é a descoberta pelo protagonista de uma nova identidade num novo mundo. A questão lacaniana da análise é a representação de uma experiência de imigração. A resposta é dada pela forma como David passa por essa experiência: quando é que algo muda dentro dele e porquê? A mudança ocorre quando David renasce e se integra como cidadão judeu-americano após o clímax, que é atingido durante a sua maturidade e independência crescentes. A mudança ocorre porque David já lidou com o passado. O passado já não o pode assustar e ele afasta-se dele para se integrar.

Roth começou o romance como uma autobiografia, e os seus antecedentes e experiências com David no Lower East Side são muito semelhantes. Tal como David, ele viveu as suas partes de mortes e renascimentos simbólicos. Com o romance, Roth ganha a atenção desejável do leitor e, tendo em conta a distância muito curta no tempo entre as experiências de imigração da infância de David e de Roth, o romance pode ser mais autobiográfico do que o autor afirma imediatamente. David Schearl é facilmente lido como a "criança interior" de Roth, o que sugere que "Call It Sleep" pode não contar a história factual exacta da experiência imigrante de Roth, mas organizou o seu passado num padrão capaz de exprimir a forma como a experiência imigrante afectou as crianças nascidas num país mas criadas noutro, tudo devido ao facto de qualquer romance se basear na cultura que o rodeia.

Capítulo 11. Uma nova leitura histórica de "Call It Sleep"

Este capítulo encerra a "leitura desconstrutiva" do romance. É verdade que a distância metafórica entre o autor e o leitor deve ser mantida, mas, como Lacan afirmou, o leitor não pode ser deixado de fora do ato de comunicação que está dentro do texto. O Novo Historicismo é uma prova clara disso. Nas páginas seguintes, mostrarei como as funções do Novo Historicismo afectaram o leitor ao longo do romance e, assim, ajudaram o leitor a interpretar o romance como a fonte histórica que é quando o leitor quer saber sobre a experiência dos imigrantes no início do século [XX].

Em primeiro lugar, os instrumentos retóricos de Stephen Bann são claramente utilizados no prólogo. O enquadramento está definido, porque conhecemos o ano atual e o local como ponto de partida para a ação seguinte. A focalização é utilizada na descrição das roupas da família e da língua iídiche que falam. O preenchimento depende do conhecimento prévio do leitor, mas a maioria dos leitores saberá da grande imigração para a América e de Ellis Island em Nova Iorque. Além disso, os anos em que se passa o romance estão próximos da Primeira Guerra Mundial e do que aconteceu no mundo antes do seu início. Os pogroms e o antissemitismo também podem ter um papel na mente do leitor. Todas as ferramentas retóricas são utilizadas já no prólogo para manter a atenção do leitor e deixá-lo suficientemente curioso para ler o resto do romance.

Os dois critérios de Georg Lukács para o romance histórico são preenchidos em "Call It Sleep". O cenário é a conhecida experiência do imigrante, e o protagonista é uma criança facilmente influenciável por todos os lados e, por isso, capaz de se tornar o ponto de encontro neutro da trama histórica. O "anacronismo necessário" está presente no capítulo do clímax, quando aparecem as vozes da rua. David não consegue ouvir todas as conversas, mas isso ajuda o leitor a relacionar a descrição histórica com o quadro global da história. O leitor testemunha os trabalhadores imigrantes a falarem da revolução e as prostitutas a falarem de um aborto. Desta forma, David distancia-se do leitor enquanto principal fonte de história, mas o leitor continua a ter uma ideia de como era a vida dos imigrantes no Lower East Side em 1913. O mesmo se passa no capítulo visto do ponto de vista do rabino (capítulo 16 de "The Rail"), mas este é mais restrito, pois apenas representa o mundo do ponto de vista de uma personagem.

De acordo com Lukács, o passado é a pré-história necessária ao presente, mas em "Call It Sleep" eles são separados quando David luta contra o seu passado na sua inconsciência. Isto pode levantar a questão de saber se este é, afinal, um romance histórico. David pode estar no centro do enredo, mas, à exceção do encontro em Ellis Island, não são mencionados quaisquer incidentes históricos conhecidos. É evidente que Roth utiliza a história como mais do que um cenário, mas não a utiliza para criar um romance histórico tradicional. O que acontece é que *"(...) estes edifícios ainda abertos são mais do que um simples pano de fundo: São o catalisador da experiência do jovem ".[105]* Roth utiliza o ambiente físico do protagonista para exprimir vários significados simbólicos, todos relacionados com o seu desenvolvimento psicológico interior.

Analisando o texto de acordo com a análise de três pontos de Montrose, deve concluir-se que a historicidade do texto se centra na parte da experiência imigrante que faz com que o imigrante se integre na sociedade americana, tornando o passado da Europa de Leste irrelevante ou sem importância para a integração, independentemente de o texto ser ficcional ou autobiográfico. O foco está na evolução de judeu judeu para cidadão judeu-americano.

Mas, como fonte de história, o romance também deve ser considerado como parte da textualidade da história, o que significa que o romance será interpretado como fonte histórica com as diferentes formações de cada analista textual que o analisar. À medida que as décadas passam, vão surgindo novas perspectivas sobre a experiência dos imigrantes, e o romance pode ser interpretado de uma nova forma sem perder o seu valor como fonte histórica. É por isso que um bom analista textual deve renovar a sua atitude perante um texto à medida que o tempo passa. Talvez fosse isso que o filósofo Francis Bacon tinha em mente quando sugeriu que *"(...) os principais livros escritos em cada século, ou talvez em períodos mais curtos, procedendo em ordem regular desde as primeiras idades, sejam eles próprios tomados em consideração, para que assim (...) provando-os aqui e ali e observando o seu argumento, estilo e método, o Espírito Literário de cada época possa ser encantado como se estivesse morto."[106]* Já nesta fase inicial da história da literatura, a negociação do tempo é clara. No romance, David quer romper com o passado, mas para o fazer é importante conhecer o passado, o que torna necessária a negociação do passado. Para agir no seu presente, o indivíduo deve decidir o que é importante trazer do seu passado para o seu presente e como o seu presente afectará a forma como olha para o seu passado. No entanto, esta negociação não foi igual para os imigrantes no início do século [XX], porque tiveram de abdicar de muito do seu passado para se tornarem parte do caldeirão de Nova Iorque. O sentimento de fragmentação que se seguiu a essa negociação desigual fez com que os imigrantes pudessem relacionar-se pessoalmente com o modernismo e as caraterísticas modernistas da sociedade.

Negociando na outra direção com os meus próprios contextos históricos, é evidente que os imigrantes numa situação semelhante têm ainda hoje de abdicar do seu passado para se integrarem numa nova sociedade, mas nem todos estão dispostos a fazê-lo, porque tanto os imigrantes como os nativos do novo país estão muito mais conscientes da igualdade de direitos de todos os indivíduos do que há um século. A integração passou de um cadinho para o multiculturalismo. Além disso, posso ler o romance

---

[105] Matererassi, 1996, p. 32. (NE).
[106] De "The Advancement of Learning" (1623). Reimpresso em Callager/Greenblatt, 2000, pp. 37-38.

e enquadrá-lo numa perspetiva histórica que não era possível na altura em que foi escrito. Da mesma forma, os estudiosos da literatura puderam colocar "Call It Sleep" numa nova perspetiva com o renascimento do romance na década de 1960. Nessa altura, o mundo tinha sobrevivido à Depressão dos anos 30 e novos poderes lutavam para tirar partido da experiência dos imigrantes, entre outros, um interesse crescente pelos estudos sobre etnicidade e multiculturalismo.[107] Estas mudanças intelectuais estenderam-se ao resto da sociedade, de modo que hoje o romance pode ser lido com uma compreensão equilibrada daquilo por que passaram os filhos dos imigrantes.

Quando se analisa o contexto em que o romance foi escrito, é evidente que foi escrito numa altura em que o autor chegou a um ponto da sua vida em que sente a necessidade de olhar para trás, para o que alcançou até então. Como David no romance, Roth tinha um forte desejo de romper com os limites dos seus pais. Escrevendo o romance em plena Depressão, com vinte e poucos anos, tão longe física e mentalmente dos valores dos pais quanto lhe era possível estar na relação com Eda Lou Walton, pode dizer-se que foi bem sucedido. Mesmo que Roth afirme que "Call It Sleep" já não é a sua autobiografia, os traços comuns entre ele e David mantêm-se. Como já foi referido, David funciona como a sua "criança interior", mas a criança exprime de facto as experiências de adaptação de muitos imigrantes a um novo país. O imigrante que chega a um novo país é como uma criança pequena, incapaz de saber de antemão o que se espera dele.[108] Tanto o imigrante como a criança têm muitas coisas novas para aprender e muita adaptação para fazer, e é por isso que é uma caraterística brilhante do romance utilizar uma criança como representante da experiência do imigrante.

Todas estas considerações sobre o romance tornam-se mais fáceis do meu ponto de vista, porque, como analista textual, sou capaz de olhar para trás, para o século, e ver o romance e o que o rodeia em contextos que se foram alterando ao longo das décadas. Como é que o romance seria recebido trinta anos após a sua primeira publicação, Roth e os seus contemporâneos não tinham forma de saber, mas é fascinante ver textos antigos a serem reflectidos sob uma nova luz. No entanto, o cerne do romance continuará a ser a experiência imigrante da criança, mas, como salientam os académicos da Nova História, não há interpretações firmes. Foi disso que os comunistas beneficiaram ao lerem o romance como uma obra proletária, apesar de Roth ter começado a escrever "Call It Sleep" vários anos antes de aderir ao Partido Comunista e de, quando finalmente aderiu ao partido, se ter sentido alienado. É um facto que Roth nunca teve a intenção de escrever um romance proletário, mas isso não impediu os comunistas de o utilizarem no seu manuscrito político.

Na perspetiva do Novo Historicismo, o romance é uma boa fonte histórica. O texto não é absoluto, mas a sua interpretação depende do seu contexto, como mostra o exemplo da sua utilização como

---

[107] Wirth-Nesher, 1996, p. 4. (NE).
[108] Wisse, 1996, p. 62. (NE).

instrumento proletário. Em princípio, qualquer texto pode ser colocado em qualquer novo contexto, desde que a argumentação seja válida. Neste romance, o contexto histórico é definido de acordo com as teorias de Bann e de Lukács e, para poder seguir a história mental do romance, o leitor precisa de entrar no contexto histórico para seguir o enredo: como integrar-se numa nova vida com uma nova identidade? No enredo, a história é vista a partir de perspectivas individuais, o que significa que contém a principal caraterística do historicismo. Não menos importante, a perspetiva histórica de David está em foco. A força (autobiográfica) está em contar a história do ponto de vista de uma criança, porque toda a gente se identifica com a criança insegura que tem de se adaptar a algo que não conhece. O resultado desta forma de escrever e de ler é a Nova História, que rompe as fronteiras entre a história e a literatura.

Capítulo 12. Conclusão

"Call It Sleep" representa um duplo conflito entre dois mundos na sequência da experiência do imigrante judeu na América no início do século XX. Em primeiro lugar, representado pelo conflito cultural entre a América e a Europa de Leste. Em segundo lugar, representado pelo conflito geracional entre os imigrantes judeus adultos e os seus filhos, demasiado jovens para terem qualquer recordação da Europa de Leste. A descrição destes conflitos bem conhecidos faz de "Call It Sleep" um romance histórico, mas não no sentido tradicional. O passado e o presente estão separados, e as caraterísticas modernistas de fragmentação, "fluxo de consciência" e caraterísticas míticas criam um pano de fundo no qual existe simbolismo, o que é mais típico de um romance psicológico do que de um romance histórico no sentido tradicional. O desenvolvimento de David ao longo do romance funciona em correlação com este fundo simbólico para criar um enredo histórico fiável.

O tropo, enquanto padrão frequentemente repetido, faz com que o leitor capte o núcleo do significado que está subjacente ao que está literalmente escrito no romance. O tropo, que foi repetido no passado noutros textos, mantém o núcleo do texto apesar das várias interpretações. O mesmo significado será produzido em vários discursos. Desta forma, independentemente da interpretação do leitor ao ler "Call It Sleep", verá sempre o núcleo literal de um rapaz imigrante judeu que chega à América no início do século [XX]. Para além disso, a utilização do tropo pelo autor significa que o leitor verá também o núcleo de um rapaz assustado, que tem medo do pai e está intimamente ligado à mãe.

No entanto, o tempo em que o romance é lido afectará sempre a própria leitura, como o Novo Historicismo comprova. É por isso que a arte é frequentemente utilizada como manipulação da mente do leitor quando é transferida de um discurso para outro. A estratégia comunista de ver "a arte como uma arma" obrigava todos os artistas oriundos do proletariado a criar uma obra de arte proletária para ser usada na luta de classes, mas Roth nunca foi capaz de se relacionar com isso. "Call It Sleep" *"não ilustra nem reflecte a enorme luta de classes que se desenrolava na altura. Se o romance exaltava alguma coisa, exaltava os seres humanos, não o proletariado".*[109] Como a leitura da Nova História de "Call It Sleep" mostrou, o leitor logo descobrirá que Roth está certo. Apesar de o comunista conseguir encontrar traços proletários no texto, o romance não consiste exclusivamente num tema proletário.

Roth escreveu "Call It Sleep" numa altura da sua vida em que precisava de olhar para trás, para a sua experiência autobiográfica até então. Tendo vivido uma infância turbulenta, com conflitos culturais e geracionais, bem como um início de vida adulta, em que teve dificuldade em encontrar a sua própria identidade, Roth conseguiu ver a sua vida através dos olhos da sua criança interior. Esta criança

---

[109] Da entrevista com Roth. Lyons, 1976, p. 166.

interior foi personificada em David Schearl, mais claramente no início e no fim do romance. A fase intermédia do romance é uma luta por uma maturidade independente que o autor, sem dúvida, travou ao longo da sua própria vida.

"Call It Sleep" contém memórias étnicas de infância e caraterísticas artísticas modernistas do gueto judeu. Muitos judeus poderiam relacionar-se com o sentimento modernista de fragmentação que permeia qualquer experiência de imigrante, e é por isso que uma nova leitura histórica do romance é útil para expressar o que o imigrante experimentou através de qualquer forma de texto que represente esse sentimento de fragmentação perdida; neste caso, uma peça de ficção.

Concluindo tudo isto, é evidente que "Call It Sleep" é um romance brilhante e multifacetado. É um romance histórico que utiliza o seu contexto histórico para realçar o seu valor psicológico. Não é um romance puramente proletário, mas pode ser interpretado como tal. É um romance com caraterísticas autobiográficas expressas através da função do protagonista como a criança interior do autor. É um romance com traços modernistas, especialmente no capítulo do clímax, que encaminha a narrativa para a poesia. E por último, mas não menos importante, a questão é: será que dá uma imagem representativa da experiência da infância imigrante em Nova Iorque no início do século XX? A resposta a esta pergunta é sim. O facto de Roth descrever o mundo de David como sendo *"(...) criado sem pensar nele."* (p.17) estabelece que Roth pretende usar a criança como representante do estatuto de imigrante em Nova Iorque.[110] Este facto está relacionado com a ideia de igualdade entre a criança e o imigrante, que têm ambos muitas coisas a aprender no novo ambiente. Mas como as crianças são também as melhores pessoas para se adaptarem a um novo ambiente, em breve tornar-se-ão os professores "adultos" dos seus pais. Através da análise textual, "Call It Sleep" tornou-se uma fonte histórica representativa da experiência dos imigrantes.

[110] Materassi, 1996, p. 32. Ver nota 8, p. 53. (NE)

Capítulo 13. Perspetiva da guetização

Quando David acorda depois da sua rutura inconsciente com o passado, sente-se triunfante por ter encontrado a sua própria identidade. Passou por uma busca difícil para chegar a esse objetivo, mas a tarefa de mudar a sociedade é ainda mais difícil. O tempo interno da história de David passa-se quando os cortiços de Nova Iorque eram como um caldeirão, albergando várias nacionalidades imigrantes em cada um dos seus blocos, e manter a sua própria fé era difícil. Mas isso não significa que não existisse a possibilidade. Os imigrantes podem ter sido desenraizados, mas *"é surpreendente a quantidade de terra que conseguiram levar com eles"*.[111] David está dividido entre o seu antigo país, onde nasceu, mas é demasiado novo para se lembrar, e o novo país onde cresceu. Tem o seu cheder por perto e os seus amigos judeus, mas sabemos que também está afastado destes elementos judaicos da sua vida, porque os seus pais traíram o seu passado através do pecado e agora a sua hipocrisia funciona contra o judaísmo, e as caraterísticas americanas do gueto também o influenciam.

O tempo externo da história também representa um judeu afastado da sua fé e da sua família. Roth estava numa colónia de arte protegida dos duros factos da Depressão dos anos 30, mas a alienação da sua religião começou muito antes da escrita de "Call It Sleep" e seguiu-o vários anos depois. De facto, Roth afirmou em 1963 *"que a melhor coisa que os judeus podiam fazer neste momento era orientarem-se para deixarem de ser judeus"*.[112] Esta declaração e modo de agir estabelecem que muitas das acções dos judeus são respostas às iniciativas de outros. O antissemitismo não está morto e, tanto naquela época como agora, causa dificuldades à integração.

A maioria dos judeus mantém-se no gueto, no seu próprio "solo", com sinagogas, cheders e quarteirões judaicos, e têm de deixar de ser judeus se quiserem sair do gueto. Poder-se-ia argumentar, como Girgus, que *"os guetos proporcionavam não só oportunidades misturadas com dor, mas também uma intensidade de vida que fazia ferver os tipos de conflitos e contradições que poderiam simplesmente ter fervido em ambientes mais fáceis"*.[113] O gueto pode funcionar como uma instituição para facilitar a transição para um mundo novo e estrangeiro, porque contém muitos objectos conhecidos, mas também pode funcionar como um entrave à integração na América. Os judeus tinham de compreender que, se quisessem chegar a algum lado na América, tinham de sair do gueto, mas, por outro lado, o gueto era um lugar seguro para estar até se sentirem prontos para sair e conhecer a América. No entanto, tanto dentro como fora do gueto, existe um sentimento de distância entre "eles" e "nós". Alfred Kazin concorda com isso na sua autobiografia "A Walker in the City". Ele

---

[111] Burchell/Homberger, 1998, p. 136. (AS).

[112] Da entrevista com Roth. Lyons, 1976, p. 172. Roth mudou radicalmente esta declaração depois da Guerra dos Seis Dias, em 1967, quando começou a pensar em si próprio como um partidário de Israel. Mas nunca se arrependeu da declaração.

[113] Girgus, 1984, p. 95.

pergunta-se: *"Porque é que eles estavam lá, e nós sempre aqui? Porque é que eram sempre <u>eles</u> e <u>nós,</u> os gentios e nós, os alrightniks e nós?*[114] Se os judeus ficam no gueto podem falar deles lá fora, e se saem do gueto tornam-se "eles", tanto para os judeus no gueto como para os gentios fora do gueto.

Como já foi referido, os filhos dos imigrantes foram os que sentiram mais claramente esta divisão entre o gueto e o exterior do gueto. Mas, por outro lado, eram também os que tinham mais probabilidades de se libertarem do gueto e de retirarem algo de positivo da mudança, porque desenvolveram uma nova consciência judaico-americana de si próprios. À medida que a nova geração crescia, o gueto judeu avançava na mesma direção que o Yiddishkeit tinha feito antes: em direção à sua própria destruição. É um facto que *"(...) a emergente autoconsciência da criança judia significa o colapso da consciência colectiva do judaísmo tradicional, com os seus pontos fortes e fracos.* [115]

Diz-se que o Novo Historicismo captou a descrição da *"cultura em ação"*[116] Esta ação da cultura afecta o leitor no seu momento de leitura porque o leitor também faz parte da sua própria cultura. Como a frase sugere, a cultura nunca está parada, mas está em constante movimento. É por isso que o movimento do melting pot para o multiculturalismo afectou a leitura de "Call It Sleep", tal como a mentalidade proletária dos comunistas. O romance relata a experiência do imigrante do seu ponto de vista histórico mental, mas, tal como David Schearl, temos de admitir que o mundo do protagonista pode ser mutável, ao passo que a situação é muito mais difícil quando se trata de mudar a mentalidade do mundo que o rodeia. O fantasma do antissemitismo não desaparecerá. Se quisermos mudar o mundo, temos de nos lembrar que estamos todos NA história e VIVOS na história.[117] Temos de compreender que, enquanto leitores, não somos marginais, mas detentores de um poder cultural e institucional que podemos utilizar da forma que quisermos.[118] A mudança de mentalidade começa com a mudança da história, a ponto de permitir evitar os erros da história passada e, assim, obter o triunfo heroico de David Schearl - mesmo que seja apenas por um breve momento.

---

[114] Kazin, 1951, p. 99. O sublinhado é meu.
[115] Sholem Jacob Abramovitch, o mais importante pioneiro da prosa de ficção iídiche e hebraica. As palavras são do seu livro de memórias. Reimpresso em Wisse, 1996, p. 69. (NE)
[116] Veeser, 1989, p. xi. (NH)
[117] Montrose, 1989, p. 25. (NH)
[118] Montrose, 1989, p. 29. (NH)

Capítulo 14. Retomar

O projeto *"Call It Sleep - A View on the Jewish-American Immigrant Experience"* debruça-se sobre o tema da utilização de uma obra de ficção como fonte histórica e se essa fonte pode ser lida como representativa das experiências humanas num determinado período de tempo. Com o seu ponto de partida na experiência dos imigrantes judeus de 1881-1924, o foco é colocado nos filhos pequenos dos imigrantes. Estas crianças nasceram muitas vezes num país, mas foram criadas noutro e, na sequência disso, viveram uma divisão entre os antigos valores dos pais e os novos valores que encontraram na América, quando iam à escola ou brincavam na rua com os amigos da mesma idade. Muitas destas crianças ultrapassaram a esfera religiosa e a língua iídiche dos pais.

Pretendi investigar como as crianças se desenvolveram no novo ambiente e como isso foi expresso numa obra de ficção. Para este efeito, fiz uma análise textual do romance de Henry Roth "Call It Sleep" (1934). A história principal do romance passa-se em 1911-1913, na altura em que o protagonista, David Schearl, tem entre seis e oito anos de idade. O leitor pode acompanhar a vida quotidiana de David do ponto de vista do próprio rapaz, seguindo a sua forte ligação emocional com a mãe e o medo do pai rigoroso, bem como o encontro com outras crianças na rua e no infantário. O romance é composto por quatro partes, introduzidas por um pequeno prólogo em que David e a mãe se juntam ao pai, que já trabalha em Brownsville, Nova Iorque, há alguns anos. As quatro partes intitulam-se: "A adega", "O quadro", "O carvão" e "O carril".

O projeto começou por definir o contexto histórico da imigração judaica. Estabeleci que os judeus da Europa de Leste queriam escapar à pobreza, às restrições e à censura exigidas pelo czar russo, Alexandre III. Ao imigrarem, os judeus esperavam encontrar uma "Terra Dourada", com possibilidades iguais para todos e sem pobreza, mas, em vez disso, encontraram cortiços sobrelotados e jornadas de trabalho que, por vezes, duravam mais de 12 horas, como vendedores ambulantes e, mais tarde, nas fábricas de suor. Com o passar do tempo, os filhos dos imigrantes tornaram-se cada vez mais independentes e libertaram-se do padrão tradicional da família judaica. O fosso entre as gerações estabeleceu-se à medida que as crianças começaram a viver uma vida na rua, separada das regras dos pais em casa e, à medida que foram crescendo, começaram também a casar com pessoas não judias, os gentios.

Após este enquadramento histórico, contextualizei o romance, introduzindo o Novo Historicismo. Neste capítulo, estabeleci como uma peça de ficção podia ser usada como fonte histórica, porque era igual a qualquer outro texto produzido dentro de um determinado sistema cultural. Este desenvolvimento do Novo Historicismo foi uma rutura com o Novo Criticismo e com a forma de ver o texto como absoluto e liberto de um contexto histórico literário. Este facto impôs grandes exigências à capacidade do leitor para ler um texto corretamente. O professor de história das artes, Stephen Bann, apresenta três "ferramentas retóricas" para este efeito: Enquadramento, focalização e preenchimento. Além disso, concentrei-me no desenvolvimento dentro das áreas burguesas no século 19th, de ver a história como uma narrativa linear para ver a história como um produto criado entre perspectivas individuais. Isto foi o que o historiador literário húngaro Georg Lukács viu como uma fronteira entre duas formas de escrever um romance histórico: o clássico "bildungsroman" e o romance histórico com uma perspetiva de historicismo. Lukács estabeleceu dois critérios para um romance histórico e introduziu o "anacronismo necessário" para distanciar o protagonista da sua presumível posição neutra no enredo. Além disso, estabeleci que o Novo Historicismo tinha uma profusão de fontes porque rompia com as fronteiras entre os géneros encaixados. Como um romance, a história narrava o passado, mas não havia regras firmes para praticar o Novo Historicismo. Por isso, relacionei "Call It Sleep" com os cinco pressupostos fundamentais do Novo Historicismo do professor de inglês H. Aram Veeser, e pretendi usar os três pontos analíticos do historiador literário Louis Montrose na análise textual que se segue. Esses pontos eram: a historicidade dos textos e a textualidade da história, as trocas ou negociações dos textos com determinados contextos históricos e o próprio contexto cultural do analista. Os pontos foram utilizados em ligação com o estabelecimento da função retórica do texto, respondendo à pergunta lacaniana "o quê" com "como", "quando" e "porquê" no texto.

Seguiu-se uma análise textual do romance. Esta análise foi efectuada principalmente através de uma leitura atenta e do estabelecimento da função retórica acima mencionada. Esta análise incluiu uma leitura atenta das partes relevantes do romance relativas ao desenvolvimento do protagonista, o que tornou possível investigar a experiência imigrante do ponto de vista de uma criança. A análise consistiu principalmente numa visão psicológica do desenvolvimento do protagonista, mas também foram abordadas questões temáticas. Optei por trabalhar com um modelo lacaniano de análise textual, que se preocupa com o desenvolvimento da criança de sujeito soberano no seu próprio mundo para a consciência de uma diferenciação sujeito-objeto através do estádio do Espelho freudiano, e como recuperar o sentimento de subjetividade através da morte simbólica. Além disso, a análise debruça-se sobre o ato de fala na procura de identidade do sujeito e sobre as caraterísticas que podem estar presentes num texto autobiográfico ou num romance escrito do ponto de vista de uma criança.

Na análise, verifiquei que o pecado, entendido como a desobediência às regras religiosas, era uma questão importante para os Schearls. Como família judia imigrante presumivelmente típica, deveriam viver de acordo com as regras do judaísmo, mas o seu modo de vida prático mostrava outra coisa. Ambos os pais tinham traído a sua religião e pecado no passado. Genya teve uma relação com um homem gentio, enquanto Albert não fez nada deliberadamente para impedir que um touro furioso ferisse o seu pai, o que significa que, indiretamente, matou o pai. Havia uma relação tensa entre David e Albert e uma relação próxima entre David e Genya. Isto já estava definido no prólogo. Dois temas:

as oposições entre a adaptação dos pais ao novo país e o triângulo de Édipo. Estes temas criam o motivo geral do romance. Este motivo era Albert, que sugeria que David era o seu "falso filho" e, por conseguinte, incapaz de prosseguir a religião da sua família. David estava dividido entre duas culturas e duas gerações, mas conseguiu encontrar a sua própria identidade após uma luta inconsciente contra o passado, representado pelo domínio de Albert sobre ele, mas não ficou claro se David também rompeu com o complexo de Édipo.

A função retórica do texto era a descoberta por David de uma nova identidade num novo mundo. A pergunta lacaniana "o quê" da análise foi a representação de uma experiência de imigração. A resposta foi dada pela forma como David passou por essa experiência, quando é que algo mudou dentro dele e porque é que isso aconteceu? A mudança ocorreu quando David renasceu e se integrou como cidadão judeu-americano após o clímax, que foi atingido durante a sua maturidade e independência crescentes. A mudança deu-se porque David já tinha lidado com o passado. O passado já não o podia assustar e ele afastou-se dele para se integrar.

Roth começou a escrever o romance como uma autobiografia, e os seus antecedentes e as experiências de David no Lower East Side são muito semelhantes. David Schearl era facilmente lido como a "criança interior" de Roth, sugerindo que "Call It Sleep" podia não contar a história factual exacta da experiência imigrante de Roth, mas tinha organizado o seu passado num padrão capaz de exprimir a forma como a experiência imigrante afectava as crianças nascidas num país mas criadas noutro, tudo devido ao facto de qualquer romance ser fundado na cultura que o rodeava. Esta criança exprimia, de facto, a experiência de adaptação de muitos imigrantes a um novo país.

A análise resultou numa discussão sobre as caraterísticas do romance que, numa leitura à maneira da Nova História, permitiram ver como se desenvolveu uma nova geração de judeus-americanos e como as circunstâncias políticas em torno do romance podem ter afetado a receção deste romance, tanto de acordo com a mudança de visão sobre os imigrantes e a política, especialmente entre o proletariado, como com a experiência autobiográfica do romance. Esta discussão estabeleceu a forma como as ferramentas teóricas de Stephen Bann, Georg Lukács e Louis Montrose foram utilizadas ao longo da leitura e como afectaram a receção de "Call It Sleep".

Concluí que "Call It Sleep" representava um duplo conflito entre dois mundos na sequência da experiência dos imigrantes judeus na América no início do século [XX]. Em primeiro lugar, representado pelo conflito cultural entre a América e a Europa de Leste. Em segundo lugar, representado pelo conflito de gerações entre os imigrantes judeus adultos e os seus filhos, demasiado jovens para terem qualquer recordação da Europa de Leste. Trata-se de um romance histórico que utiliza o seu contexto histórico para acentuar o seu valor psicológico. Não era um romance puramente proletário, mas podia ser interpretado como tal. Era um romance com caraterísticas autobiográficas expressas através da função do protagonista como a criança interior do autor. É um romance com traços modernistas, sobretudo no capítulo do clímax, que encaminha a narrativa para a poesia.

O tropo, como um certo padrão frequentemente repetido, fez com que o leitor captasse o núcleo do significado do romance que estava por baixo do que estava literalmente escrito. O tropo, que tinha sido repetido no passado noutros textos, manteve o núcleo do texto apesar das várias interpretações. O mesmo significado foi produzido em vários discursos. Desta forma, independentemente da interpretação do leitor ao ler "Call It Sleep", este via sempre o núcleo literal de um rapaz imigrante judeu que chegava à América no início do século [XX]. Para além disso, a utilização do tropo pelo autor significou que o leitor também viu o núcleo de um rapaz assustado, que tinha medo do pai e estava intimamente ligado à mãe.

O romance dá, de facto, uma imagem representativa da experiência da infância imigrante em Nova Iorque no início do século [XX]. Através da análise textual, "Call It Sleep" tornou-se uma fonte histórica representativa da experiência imigrante, mas o tempo em que o romance foi lido afectaria sempre a própria leitura, como o Novo Historicismo provou.

No final do projeto, concentrei-me na perspetiva da guetização. Os judeus, tal como muitos outros imigrantes, tinham tendência para se barricarem dentro do gueto judeu, o que resultou num sentimento de "eles" contra "nós". O antissemitismo não está morto, mas eu concluí que se compreendêssemos que todos vivemos a história, poderíamos fazer algo para melhorar os traumas históricos.

yes **I want** morebooks!

Buy your books fast and straightforward online - at one of world's fastest growing online book stores! Environmentally sound due to Print-on-Demand technologies.

Buy your books online at
www.morebooks.shop

Compre os seus livros mais rápido e diretamente na internet, em uma das livrarias on-line com o maior crescimento no mundo! Produção que protege o meio ambiente através das tecnologias de impressão sob demanda.

Compre os seus livros on-line em
www.morebooks.shop

Printed by Books on Demand GmbH, Norderstedt / Germany